高校大学生管理工作与传统文化融入

谢 学◎著

北京工业大学出版社

图书在版编目（CIP）数据

高校大学生管理工作与传统文化融入 / 谢学著．— 北京：北京工业大学出版社，2022.1
　　ISBN 978-7-5639-8254-7

　　Ⅰ．①高… Ⅱ．①谢… Ⅲ．①传统文化－关系－大学生－高校管理－研究－中国 Ⅳ．① K203 ② G645.5

中国版本图书馆 CIP 数据核字（2022）第 026935 号

高校大学生管理工作与传统文化融入
GAOXIAO DAXUESHENG GUANLI GONGZUO YU CHUANTONG WENHUA RONGRU

著　　　者：	谢　学
责任编辑：	张　娇
封面设计：	知更壹点
出版发行：	北京工业大学出版社
	（北京市朝阳区平乐园 100 号　邮编：100124）
	010-67391722（传真）　　bgdcbs@sina.com
经销单位：	全国各地新华书店
承印单位：	唐山市铭诚印刷有限公司
开　　　本：	710 毫米 ×1000 毫米　1/16
印　　　张：	11.75
字　　　数：	235 千字
版　　　次：	2023 年 4 月第 1 版
印　　　次：	2023 年 4 月第 1 次印刷
标准书号：	ISBN 978-7-5639-8254-7
定　　　价：	72.00 元

版权所有　翻印必究

（如发现印装质量问题，请寄本社发行部调换 010-67391106）

作者简介

谢学，男，1979年11月出生，山东省淄博市人，毕业于山东曲阜师范大学，硕士研究生学历。现任江苏常熟理工学院讲师，全球高级职业规划师。研究方向：高校大学生教育与管理。主持并完成江苏省高校哲学社会科学基金项目两项，发表论文十余篇。

前 言

中国传统文化是在中华民族长期发展过程中逐渐形成的，集道德文明、思想文明及精神文明于一身。其不仅是中华民族的瑰宝，而且是中华民族长期生活特征的真实反映。将其融入高校大学生管理工作当中，可以在思想层面、学校氛围层面和实践层面发挥积极作用。当前高校大学生管理工作存在忽视学生需求、缺乏服务意识、忽略学生自律意识培养等问题，融入优秀传统文化可以逐渐解决这些问题。

全书共七章。第一章为绪论，主要阐述了高校大学生管理的内涵、高校大学生管理工作的特点、高校大学生管理工作的目标、高校大学生管理工作的重要性等内容；第二章为高校大学生管理工作发展历史与现状，主要阐述了高校大学生管理工作发展历程、高校大学生管理工作的现状、高校大学生管理工作的新机遇与新挑战等内容；第三章为高校大学生管理工作理念的创新，主要阐述了高校大学生管理工作理念创新的重要意义、高校大学生管理工作理念创新的重点方向、高校大学生管理工作理念创新的策略等内容；第四章为高校大学生管理工作模式的创新，主要阐述了高校大学生管理工作模式创新的必要性、高校大学生管理工作模式创新的基本原则、高校大学生管理工作模式创新的策略等内容；第五章为高校大学生管理工作手段的创新，主要阐述了高校大学生管理工作的自我管理手段、高校大学生管理工作的融入式手段、高校大学生管理工作的激励管理手段等内容；第六章为高校大学生管理工作体制创新，主要阐述了高校大学生管理工作的基本体制、高校大学生管理工作体制的特点、高校大学生管理工作体制创新的策略等内容；第七章为传统文化融入高校大学生管理工作的路径，主要阐述了传统文化思想中蕴含的管理思想、运用传统文化进行高校大学生管理的优势、传统文化融入高校大学生管理工作存在的问题、将传统文化融入高校大学生管理工作的对策等内容。

为了确保研究内容的丰富性和多样性，笔者在写作过程中参考了大量理论与研究文献，在此向涉及的专家、学者表示衷心的感谢。

最后，因笔者水平有限，加之时间仓促，本书难免存在一些不足，在此恳请读者朋友批评指正！

目 录

第一章 绪 论 … 1
第一节 高校大学生管理的内涵 … 1
第二节 高校大学生管理工作的特点 … 12
第三节 高校大学生管理工作的目标 … 15
第四节 高校大学生管理工作的重要性 … 17

第二章 高校大学生管理工作发展历史与现状 … 22
第一节 高校大学生管理工作发展历程 … 22
第二节 高校大学生管理工作的现状 … 25
第三节 高校大学生管理工作的新机遇与新挑战 … 35

第三章 高校大学生管理工作理念的创新 … 39
第一节 高校大学生管理工作理念创新的重要意义 … 39
第二节 高校大学生管理工作理念创新的重点方向 … 40
第三节 高校大学生管理工作理念创新的策略 … 57

第四章 高校大学生管理工作模式的创新 … 60
第一节 高校大学生管理工作模式创新的必要性 … 60
第二节 高校大学生管理工作模式创新的基本原则 … 64
第三节 高校大学生管理工作模式创新的策略 … 70

第五章 高校大学生管理工作手段的创新 … 82
第一节 高校大学生管理工作的自我管理手段 … 82
第二节 高校大学生管理工作的融入式手段 … 92

第三节　高校大学生管理工作的激励管理手段 ································ 95

第六章　高校大学生管理工作体制创新 ···································· 105
　　第一节　高校大学生管理工作的基本体制 ································ 105
　　第二节　高校大学生管理工作体制的特点 ································ 115
　　第三节　高校大学生管理工作体制创新的策略 ···························· 117

第七章　传统文化融入高校大学生管理工作的路径 ························ 133
　　第一节　传统文化思想中蕴含的管理思想 ································ 133
　　第二节　运用传统文化进行高校大学生管理的优势 ························ 134
　　第三节　传统文化融入高校大学生管理工作存在的问题 ···················· 138
　　第四节　将传统文化融入高校大学生管理工作的对策 ······················ 139

参考文献 ·· 142

第一章 绪 论

新时代对高校大学生管理工作提出了新的要求，如何把握与迎接时代带来的机遇与挑战，培养社会主义合格接班人，是高校大学生管理工作肩负的重要使命和责任。本章分为高校大学生管理的内涵、高校大学生管理工作的特点、高校大学生管理工作的目标、高校大学生管理工作的重要性四部分。主要包括高校大学生管理的概念、高校大学生管理相关理论、高校大学生管理的内容、高校大学生管理的方法等内容。

第一节 高校大学生管理的内涵

一、高校大学生管理的概念

学生管理，又可称为学生事务管理，作为学术术语最早从美国起源并被广泛运用于学术界，是指辅助、监督、管理学生以此来促使其能够全方位均衡式进步成长的非学术性组织式工作。作为高校管理的主要构成环节，学生管理工作与高校的生死存亡、前进发展、文化底蕴等各个方面均具有最直接的关联。因此，做好落实好我国高校的学生管理工作，不仅仅是高校的任务，更是当前社会赋予高等教育的一项重要职责。

（一）高校大学生管理概念的形成

教学管理最早创造并使用"学生管理"一词。该定义是从学生学籍的注册与管理、考勤、奖惩、毕业安排等角度出发的。渐渐地，随着学生事务管理范畴的扩大，"学生管理"这一专业术语也逐步从教学管理人员中剥离，演变为学生管理工作人员常常会用到的专业词汇。我国的高等院校普遍于20世纪80年代设立学生管理工作机构，早前本该由学校后勤部门管理的诸如学籍、奖罚、考评等事务，逐渐归并到了学生管理工作部门的名下。

当前，诸多教育改革已经在我国高等教育领域发生了暴风骤雨式的演进，因此高校学生管理工作的范畴也随之得以拓展，并越来越细化。学生管理方面的新生事物如学生资助、勤工助学、就业指导等引人关注，"学生管理"这一概念的含义更加丰富了，既要管学生（人），还要管学生工作（事）。

（二）高校大学生管理的定义

学生管理工作的定义有广义和狭义两种。学生管理工作从广义上来说指通常所说的学生工作。狭义的学生管理工作单指学生事务管理的内容，其更偏重校务中的日常性事项而非主题教育教学事项。学生事务管理是一项基本的专门性工作，是辅导员工作的重头戏，是整个学生管理工作的开端。缺乏这一基础，其他的像思想教育、科学创新教育等就没有了基础保障。

高校学生管理涉及两大主体，一方是作为管理者的辅导员，一方是被管理的大学生，二者相辅相成，互相促进。进入21世纪以来，随着高校扩招力度的加大以及我国社会经济的发展，在思想观念、工作、学习实践等诸多领域都有了不同以往的重大变化，我国高等教育面临的新问题、新矛盾、新状况不断在学生管理工作中涌现，学生管理模式面临前所未有的挑战。由此，认准当代大学生的特质特征、革新管理体系、提升学生管理工作的水准已刻不容缓。

二、高校大学生管理相关理论

（一）科学管理理论

泰罗是科学管理理论的代表人物之一，被称为"科学管理之父"。科学管理理论作为20世纪西方管理理论的主流学说之一，引起了社会的广泛关注，继泰罗之后又有很多学者和专家对该理论进行了丰富发展，至今仍有强大生命力。

1911年，泰罗出版了《科学管理原理》一书。这本书首次阐述了科学管理理论，即应用科学方法确定从事一项工作的"最佳方法"，其观点很快在世界范围内传播开来并被不少管理者们所应用。在书中，泰罗提出了科学管理的原理。

①用科学方法（系统化的知识）代替经验方法。

②科学地挑选工人并对他们进行培训，从而使工人和企业都取得最大的成就。（在过去，工人自己挑选工作，并尽可能进行自我培训。）

③管理者应与工人们彼此合作，把工人不能胜任的工作承揽过来，以保证一切工作都按已形成的科学原则去办。（在过去，几乎所有的工作和大部分责任都被推到了工人们的头上。）

④最大化产出量，而不是限制产出量。

科学管理法提出了新的管理理念：通过管理科学化来提高劳动效率，从而增加利润；提高效率的决定因素不是经验，而是管理体制的创新；通过管理者与工人的职责分工，增强劳资之间的利益相关性与调和矛盾的可能性。科学管理法系统地分析了生产过程，并首次在理论上对管理进行了科学研究。科学管理法的管理理论，不仅在20世纪初，甚至在今天，仍在广泛运用。通过对科学管理理论进行分析可知，管理人员和教师要深刻理解管理效率提高的重要意义，认识到学生管理的实质在于管理者与学生的密切合作，而管理者和学生密切合作的基础在于建立利益相关机制和加强思想情感的沟通，因此管理者应正确认识技术与管理的关系，在重视技术的同时，也要重视管理理念，在引进技术的同时更要引进科学管理理念。

（二）人本管理理论

人本管理，是以人为本管理的简称。人本管理往往把人作为考虑一切问题的根本，因此也可以称为以人为根本的管理。早在20世纪30年代，西方很多企业就把员工作为企业最重要的资源，他们根据员工的兴趣、特长、能力、心理状况等情况来科学合理地为其安排最合适的工作。他们参考了早期马斯洛的需求理论，在工作中兼顾员工的成长和价值，通过使用科学的管理方法，在工作中充分调动员工的积极性、主动性和创造性，进而提高工作效率，以求让员工能够在实现企业目标的过程中发挥最大的作用。著名管理学家陈怡安教授把人本管理提炼为三句话："点亮人性的光辉、回归生命的价值、共创繁荣和幸福。"

而人本管理对于高校学生管理而言，主要是要求高校学生管理做到区别于传统以物为中心的物本管理，要求高校开展学生管理工作既要依靠原则规定、制度约束等硬性手段，更要通过培养、调动和锻炼学生的情感、意志、思想等方法来加以完善，这就从人本的角度对目前的高校学生管理工作提出了新的要求。

因此，高校在开展学生管理工作的过程中，更要注重以人为本的管理理念，学校各级管理者首先应该树立"以人为本"和"管理育人"的理念，积极创造民主、自由、平等、有效的育人环境，制订和实施正确的管理政策、措施。在开展学生管理工作的过程中要把学生当作学校管理之本，强调以学生为中心，特别要重视学生作为青年人的特征，充分尊重他们的爱好和兴趣，最大限度地满足他们的合理需要，维护学生的利益，充分调动学生的积极性，切实为学生服务。

(三)目标管理理论

1954年,美国管理学专家彼得·德鲁克在其《管理实践》中首次提出了目标管理的概念。当时,经济的蓬勃发展促使企业组织规模越来越大,企业分工越来越细,专业性越来越强,而整体的一致性和协调配合等问题则更容易被忽视。这种情况下,如果管理者不能及时地应对外部环境的变化,继续使用以往忽视人性的管理模式,仍然采用家长式的"压迫式"管理,已不再能控制整个局面,同时造成管理者与被管理者对立的局面。

因此,管理学专家彼得·德鲁克结合管理的实质,提出了"目标管理"理论,该理论在重视理性管理的同时也兼顾了人性的管理。其通过设定目标,激发人的动机,引导人的行为,使人的需求与个人的期望和目标挂钩,以充分调动人的积极性和创造性。新的管理方法在总目标确定的基础上,同时再确定一定的分目标,并为努力实现这一分目标而进行进一步的组织管理和控制。用"目标"代替手段实现对下属的管理是其精髓所在。

21世纪以来,随着高等教育改革的不断深化,高校学生管理工作也面临许多新情况,单是招生和就业制度的改革就给高校学生管理带来了较多挑战,再加上教育教学内容及方式的改变,学生个体情况也发生较大变化,以及网络设备及新媒体的突飞猛进,这些都给高校学生管理工作带来了较大的不确定性。

因此,高校在开展学生管理工作的过程中可以参照企业目标管理的理念,首先重视人的因素,让学生和一线学生管理人员参与目标的制订,同时也要注意建立目标体系,当确立总体目标之后,必须对其进行有效分解,把学生管理工作的目标转变成人和各个部门的目标,以实现学生管理工作的高效开展。

(四)过程型激励理论

经典激励理论总括来看可分成三类:一是需要型激励理论,该理论的集大成者有需要层次理论的提出者美国心理学家马斯洛、双因素理论的提出者弗里德里克和成就需要理论的提出者戴维·麦克利兰;二是过程型激励理论,该理论的典型人物有期望理论的创建者弗罗姆、目标设置理论的创建者洛克和休斯以及公平理论的创建者亚当斯;三是行为改造型激励理论,该理论的集大成者有强化理论的创立者美国心理学家斯金纳和挫折理论的创立者亚当斯。

1. 弗罗姆的期望理论

轰动学术界的期望理论是美国心理学家弗罗姆在其著作《工作与激励》中提

出的。弗罗姆教授指出，激励人达成目标的行为动力源自人的期望。人之所以愿意致力于某项工作并达到目标，是因为这些工作和组织目标能帮助他们达成自己的目标，满足自己某一方面的需求。而某一活动对某人的激励力量，取决于人所能得到结果的全部预期价值乘以他认为达成该结果的期望概率。也即一个人若是认为奋斗能达到成功，则他会更倾向于在工作中投入更多心血；若是随之取得的业绩给组织带来奖励或荣誉的概率越大，则员工情愿投入的心血也越多；若是得到的某项奖励或荣誉对员工意义越重大，则他愿意下的苦工也会越大。

2. 目标设置理论

在弗罗姆之后，美国管理学家洛克和休斯等人又提出了"目标设置理论"。总体来看，主要有三点要素。

第一，目标难度。目标应当具有较高难度，那些不费吹灰之力即唾手可得的目标毫无挑战性可言，无法激起人的斗志，自然其鞭策效用也不大。当然，那种望尘莫及高不可攀的目标也会令人望而却步，同样也会丧失激励效果。所以，应当把目标的难度系数把握在既有一定难度，而又不超出人的承受力这一水准上。

第二，目标的明确性。目标应明确、清晰、量化、具体，类似于"尽可能做好""好好工作"等模糊抽象的目标，激励效用甚微。而一个科学合理、具有量化可测性的具体目标，则能让人具备明晰的努力目的，并认清自身不足，这才能有效起到激励作用。

第三，目标的可接受性。职工只有接纳了组织目标，并与其自身的个人目标结合，目标才能展现其激励作用。因此，与其让管理者把工作目标强行施加到员工身上，不如让员工共同参与组织目标的拟定，这不仅能提升目标的可接纳度，同时也能让员工将完成目标视为己任，由此实现目标的激励效用。

3. 公平理论

该理论是由美国心理学家亚当斯于1965年提出的。高校大学生因为自身成长环境的特殊性，难免会呈现出一些弱特点，比如心理素质差、实践能力弱等，需要以适度的奖惩教育进行引导。

另外，高校学生管理工作中除了作为主体的学生外，辅导员也同样需要被认可和激励，也希望被公平对待，当他们出现倦怠情绪的时候，也需要得到肯定和支持。由此，过程型激励理论应当作为一项基本理论在当前的高校学生管理工作中大力推广。

三、高校大学生管理的内容

高校学生管理是高校对大学生从入学到毕业这一在校阶段的管理，涉及的内容很多，其中较为主要的有以下几个。

（一）德育管理

高校在开展大学生管理工作时，德育管理是一项十分重要的内容。所谓高校学生的德育管理，就是高校根据大学生的身心发展特点和品德形成规律，有目的、有计划、有组织地对大学生在心理上施加系统的影响，把一定的思想和道德转化为大学生个体的思想品德的过程。也就是说，高校在开展大学生管理工作时，要注意与德育教育相结合。

（二）学习管理

高校作为培养人才的主要阵地，应培养出德、智、体、美、劳全面发展的，具有创新精神、实践能力和社会责任感的高级专门人才，以期为社会主义的现代化事业贡献自己的力量，所以高校学生管理的首要任务是学习管理和思想引领，把学生培养为专业知识丰富、业务技能过硬的高素质人才。

新时代的今天，互联网技术日益发达，改革开放的层次越来越深，力度越来越大，在学习方面，我们不仅要学习专业知识，还要广泛阅读各个领域的书籍，开阔眼界，并且有全局意识。习近平总书记发表过一系列关于青年成长与发展的讲话，2014年五四青年节习主席在北京大学考察时发表了一次重要讲话。他认为，青年的价值取向决定了未来整个社会的价值取向，而青年又正好处于价值观形成和确立的时期，抓好这一时期的价值观养成教育十分重要。

（三）学籍管理

高校学生的学籍管理，就是高校按照党的教育方针、教育自身的规律以及大学生的身心发展特点对取得学习资格的学生，从入学注册，成绩考核与记载，升、留（降）级，转系（专业）与转学，休学、复学、退学，奖励与处分，毕业与毕业资格审查等方面实施的管理。

具体来说，高校学生的学籍管理需要做好以下几方面的工作。第一，做好大学新生的入学审查。第二，做好大学生的成绩管理。这对于了解和掌握教师的教学质量和学生的学习情况，从而发现问题并据此采取措施改进教学、激发大学生学习的积极性具有重要的作用。第三，做好大学生的毕业资格审查。

（四）生活管理

高校学生的生活管理，从内容方面来说应包括对大学生在校期间的一切生活活动的管理，如饮食管理、起居管理、着装管理、健康管理等。在高校学生管理工作中，大学生生活方面的管理是一项十分重要的内容。这不仅决定了大学生的身心能否得到健康发展，而且决定大学生能否建立正常的学习、生活和工作秩序，甚至还会决定高校的人才培养目标能否得到有效实现。因此，高校必须要对大学生的生活管理予以足够的重视。

（五）日常行为管理

高校作为育人的基地，不仅要传授知识、培养人才，还涉及很多方面的工作，而与学生最密切相关的一项工作便是对学生的日常行为的管理。日常行为管理的范围非常广泛，涉及学生在课外之余所有事项的管理，主要包括学生宿舍生活管理的各个方面，上网、玩游戏的监管，交友以及恋爱方面的引导，等等。这些看似很微小的工作，其实对大学生的成长与发展有着至关重要的影响，甚至会影响他们以后的人生选择与发展。

需要注意的是，不同的专业，生活管理所涉及的内容也不尽相同。对于体育专业的学生，就要多关注他们的情绪波动，他们不仅要学习理论课程，还要接受实际训练或者参加一些体育比赛，这就需要教师和其他学校管理人员关注他们的情绪变化，提升抗压能力。

同时，由于学校的大多数学生是首次离开父母生活，有的甚至是离开父母到非常遥远的城市去读书，因此非常需要心理上的慰藉。辅导员或者其他教师要多关注他们的心理发展动态，与学生们多交流，关心他们的情感。大学是一个比高中更加开放和自由的场所，许多的学生虽然已经年满18岁，是成年人，但是，由于他们经历的事情并不多，经验不足，对于事情的处理能力不足，这就需要教师的指导和引领。

（六）资助管理

大学生资助是指在高等学校资助体系的框架下，对普通高等学校本专科在校学生中的经济困难学生给予经济上的帮助，使其能够通过各种资助形式，解决经济困难，顺利完成学业，健康成长、成才。大学生经济资助是实现教育机会均等的重要途径，是保障公民受教育权和培养人才的迫切需要，是调节人才供求关系与流向的有效手段。

在党中央、国务院的关怀下，教育部、财政部等有关部门和各地政府结合高校的实际情况，建立了一套比较完善的资助困难学生的政策体系，其主要包括"奖学金、助学贷款、助学金、困难补助、减免学费"等五个部分，简称为"奖、贷、助、补、减"。

（七）体育管理

大学生要想成才，为我国的社会主义现代化建设做出贡献，首先要具有健康的身体。因此，在高校学生管理工作中，大学生的体育管理也是一项不可忽视的内容。

所谓高校学生的体育管理，就是由高校组织，指导大学生按照一定的体育锻炼标准，有目的、有计划、有组织地进行体育锻炼，从而造就健康的体魄，以应对在校紧张的学习和日后的工作。此外，高校学生的体育管理要想取得良好的成效，应特别注意以下几个方面：一是高校学生的体育管理必须与大学生的身心特点相符合；二是高校学生的体育管理必须与教育规律相符合；三是高校学生的体育管理必须与学校的体育管理原则相符合；四是高校学生的体育管理要尽可能以最少的投入获得最佳的体育效益。

（八）卫生管理

高校学生的卫生管理也是高校学生管理的一项重要内容，具体涉及以下几个方面：一是大学生的身体卫生管理；二是大学生的教学卫生管理；三是大学生的课外活动卫生管理；四是大学生的体育锻炼卫生管理；五是大学生的校园环境卫生管理；六是大学生的教学设备卫生管理；七是大学生的膳食卫生管理；八是大学生的供水卫生管理；九是大学生的住宿卫生管理；十是大学生的心理卫生管理。

（九）课外活动管理

高校学生的课外活动管理涉及两个方面：一方面是高校学生校内课外活动的管理；另一方面是高校学生校外课外活动的管理。在具体开展这一管理活动时，以下几方面要特别注意。

一是要确保课外活动有正确的方向，以便真正丰富大学生的精神生活，陶冶大学生的高尚情操。

二是要确保课外活动能够提高大学生的思想政治觉悟，为大学生形成科学的世界观和共产主义道德品质奠定基础。

三是要确保课外活动能够使大学生获得较高的人际交往能力，以有效培养大学生的社会适应能力。

四是要确保课外活动能够有效培养和发展大学生的兴趣、爱好，发挥大学生的特长。

（十）政治活动管理

我国的大学教育有公开、明确的政治任务，不仅要求大学生具有良好的专业素质，更要求大学生认同社会主义的政治理念，坚定社会主义的政治方向。而政治活动是大学生学习政治的重要方式。

政治活动主要是围绕国家政权和社会公共权力而展开的活动。大学生开展政治活动是学习政治、参与政治的过程；是了解和认同社会政治价值，熟悉社会政治制度，了解国家法律法规并规范行为，提高个体政治素质的有效途径。

大学生开展政治活动的形式有参与民主选举活动、进行民主管理等。值得注意的是，当前，大学生的政治活动有网络化、电子化、虚拟化的特点，这给高校学生管理工作提出了新的研究课题。

四、高校大学生管理的方法

（一）调查研究

高校大学生管理的调查研究方法，就是在开展高校大学生管理工作时，要经常性地、全面地、客观地对学生的实际情况进行调查、了解与分析，以便以此为依据及时采取相应的措施来促使高校学生管理工作取得实效。

高校学生管理在运用调查研究这种方法时，要确保取得良好的成效，必须做好以下几方面的工作。

①在对大学生进行调查研究时，要对调查对象、调查目的、调查方法等进行科学合理的规划，切不可临时应付，粗心对待。

②在对大学生进行调查研究时，应实事求是，切不可囿于条条框框或别人的指示、意见等。

③在对大学生进行调查研究时，要切实从马克思主义的立场、观点、方法出发，对调查材料、调查事物进行合理的分析与研究。

（二）建立规章制度

高校在开展大学生管理工作时，建立科学有效的规章制度也是一个十分有效的方法。高校在建立规章制度时，以下几个方面要特别注意。

①高校建立的规章制度应与教育规律和德、智、体培养目标的要求相符。

②高校建立的规章制度应与大学生的身心发展特点以及发展现实相符。

（三）运用经济手段

高校在开展大学生管理工作时，适当地运用经济手段也能够促使工作取得良好的成效。比如，在高校大学生管理活动中，对学生给予必要的物质奖励或惩罚就是经济手段。通常来说，高校大学生管理工作在运用经济手段时，需要与行政方法进行有效的配合。这是因为，高校在开展大学生管理工作时，如果只重视用经济手段而忽视日常的教育和引导、忽视行政管理的作用，很容易导致经济手段无法发挥出最大的效用，继而影响高校学生管理工作无法达到预期的目标。

五、高校大学生管理的对象

所谓管理对象是指"管理活动的承受者"。随着人类认识的深化和管理的科学化、复杂化，不同学者对此有不同的见解。一是指管理活动所作用的各种具体对象。最初是人、财、物三要素，后增加了时间、空间，成为五要素，又增加了信息、事件，成为七要素。二是指管理活动所作用的特定系统，即把管理对象看作由多种因素组成的有机整体。高校学生管理作为高等学校管理工作的重要组成部分，其对应的工作对象无疑是指高校学生，从广义角度来看，这些学生应包括所有在高校求学的学生，即专科生、本科生、硕士生、博士生等。这些人都是高校学生管理活动的承受者。

六、高校大学生管理工作的研究内容

高校学生管理牵涉诸多知识体系，包括管理学、教育学、青年心理学、政治学、人才学等，因此，高校学生管理是一门综合性、政策性很强的应用科学。它具有自己独特的研究对象，这个对象就是学生管理活动本质的、内在的联系及其发展变化的规律。

高校大学生管理作为学校管理的一个重要方面，同其他管理工作一样，都是以教育领域某一方面的特殊现象和规律为研究对象的，它必然要受到教育领域总规律的支配与制约。因此，它又不同于管理工作的其他分类工作，具有相对的独立性。人们只有既认识到高校学生管理工作与其他管理工作的密切联系，又认识到它与其他管理工作的不同，才能真正揭示高校大学生管理现象本身所具有的特殊规律，使之成为一门具有特性并富有成效的管理工作。

作为一门管理工作，一般而言，总要有相应的学科知识成为其所依循的工作方针，而一门学科的成立必须具备一个必不可少的条件，即它必须具有一套系统的范畴体系。范畴体系既体现了研究的角度，也展示了研究的内容，同时又表明了其相互关系。因此，准确而恰当地表述高校大学生管理学的研究内容，最好的办法是确立这门科学的框架和范畴体系。高校大学生管理工作要研究的内容应涵盖以下几方面。

①学科理论的研究。包括高校大学生管理科学的性质、理论基础、研究对象和领域、主要研究任务、学科的地位和作用，高校大学生管理的指导思想和原则，如何对历史的经验进行抽象和概括以纳入理论体系之中，如何移植、融合相关学科的理论，不断丰富、完善和发展高等学校学生管理科学等。

②方法论的研究。研究高校大学生管理科学的方法论，一方面要研究根本的思想方法；另一方面还要研究具体的管理方法，如思想政治教育管理、大学生社区管理、教学与学籍管理、校园文化管理（含网络管理）、奖惩制度管理、社会实践管理、社团管理、心理健康与咨询管理、就业管理、学生党员管理与党建管理、学生干部队伍管理、学生群体性突发事件的应急管理等方面的管理方法与手段。

③组织学的研究。高校大学生管理是一项系统工程，必须形成有效的网络系统，发挥最大的组织功效，如高校大学生管理的组织领导体制、学生管理队伍的建设、学生管理的现代化趋势等，都必须对其做更为深入、全面的探讨。

④学生管理制度与国家法律法规、教育规律、教育法规、政治文明建设进程的相互关系以及相关政策法规和知识系统的研究。

⑤学生成长规律、心理生理特点与管理工作的有机联系研究，青年群体之间的相互作用关系与高校大学生管理工作的互动共生研究。

七、高校大学生管理的任务

高校大学生管理工作的基本任务，不仅包括研究学生管理学的相关体系，而且更重要的是这种研究必须着眼于寻求学生管理工作本身所蕴含的特殊矛盾，领悟和把握学生管理工作的运行规律，以更好地运用于学生管理工作的实践之中。高校大学生管理工作的主要任务有以下几个方面。

①坚持马克思主义关于人的全面发展理论，贯彻党的基本路线，以马克思主义、毛泽东思想、邓小平理论和"三个代表"重要思想、科学发展观及习近平新时代中国特色社会主义思想为指导，以马克思主义哲学原理为方法论，认真贯彻落实新的《普通高等学校学生管理规定》，遵循党的教育方针和学校的培养目标，为培养全面发展的高素质人才服务。

②系统总结我国高校大学生管理工作的经验和教训。学生管理是一种既古老

又年轻的社会现象，它伴随学校的产生而产生，有着悠久的历史传统和崭新的时代内容。

③批判地继承历史上的高校大学生管理工作遗产，借鉴国外学生管理工作的经验，吸纳教育学、社会学、政治学、青年心理学、系统管理学、文化学等相关学科的知识、理论，构建具有中国特色的、符合时代精神的高校大学生管理模式。中国是一个历史悠久的文明古国，先辈们在学生教育和管理中积累了丰富的经验，这是宝贵的历史文化遗产，应当批判地继承，做到古为今用。

④加强科学研究，注重实践探索，不断发展高校大学生管理工作的理论体系，推动高校大学生管理工作模式健康运行。尽管学生管理工作有着丰富宝贵的实践经验和悠久的历史传统，但就总体情况而言，它与不断发展的中国特色社会主义的形势还存在着某些不适应，还有许多亟待解决的问题。无论是从理论要求上还是从实践需求上，都需要科学化、理论化、法制化、人性化等方面的规范。

因此，学生管理工作者必须加强对大学生管理工作的研究，大胆探索，不断创新，切实把握新时期大学生管理面临的新问题、新内容和新特点，努力用新方法、新思路和新手段去适应大学生管理的新规律和新形势，使学生管理的理论与方式与时俱进，不断丰富和完善。

第二节　高校大学生管理工作的特点

一、高校大学生管理工作的层次性特点

当前，我国高校大学生管理工作的主体是一支以专职学生工作人员为主，兼职教师为辅的数量庞大、覆盖面广的教育管理队伍。具体而言，学生管理的组织机构按照层次划分，可分为三个层级。

①高层管理机构。高层管理机构主要是指对全校的大学生管理工作进行统筹规划、组织领导、做出决策的机构，主要是指校党委会，主要的领导者是主管学生工作的党委副书记。

②中层管理机构。中层管理机构是在学校高层管理机构的领导下，认真贯彻上级主管部门和学校的方针政策，制订学生管理工作计划和方案，领导全校开展各项学生管理工作的职能部门，主要指学工部、学生处、校团委以及宣传部等部门。

③基层管理部门。基层管理部门是指在高层和中层领导部门的领导下，具体

开展各项学生管理工作的部门。它是高校学生管理工作的基石，主要指院系党总支以及其领导下的院系分团委、学生工作办公室。

在这个三层级的体系中，既有以学校分管学生管理工作的党委副书记、学工处处长、党总支书记、分团委书记、辅导员、班主任为主体的专职队伍，也有由校党委宣传部、组织部等政工部门和机关各行政部门有关人员、专业课教师组成的专职人员。因此可以说，高校大学生管理工作的主体具有专兼结合、多层次、多格局的特点，基本实现了对在校大学生的全员、全程、全方位的"三全"管理。

二、高校大学生管理工作的专业性特点

新时期，高校大学生管理工作已成为一门值得研究的学科。它有着独立的模式和科学的体系，与社会的其他领域相比更为规范化、科学化。

因此，高校大学生管理工作的专业性显而易见。高校大学生管理工作的专业性必须体现在实际工作当中。高校应以全新的视角和模式开展大学生管理工作，遇到问题及时解决。

当然，要想使高校大学生管理工作成为高校大学生教育管理的主渠道，只在思想上重视远远不够，一定要打破传统、更新理念，让高校大学生管理工作汲取更多的科学管理手段及方法，推进高校大学生管理工作全面走向专业化。

三、高校大学生管理客体的多重性特点

随着经济的发展和时代的变迁，当今在校大学生呈现出多重性的特点，主要表现在以下几个方面。

①从年龄结构上看，他们的年龄一般在18～23岁之间，处于青春期的后期和青年期的早期，他们的生理和心理的变化是人一生中最为剧烈的时期。就学生个体而言，每个人都是一个复杂多变的矛盾体。

②从群体结构上看，随着高校招生规模的不断扩大，高等教育从精英教育向大众教育转变，学生群体成分复杂，既有经济拮据的贫困学生，又有家境殷实的富裕子弟；既有得到充分锻炼的"阳光"学生，又有受到父母溺爱的"温室"学生。

③从理想信念和价值观层面上看，有的在校大学生理想远大，具有多元化的价值观，并且树立了正确的人生观、价值观和世界观，能够自觉践行社会主义核心价值观；有的在校大学生则缺乏远大的理想，功利心很强，做事总是要求有现实的回报，缺乏明辨是非的能力。

④从实践能力层面上看，有的在校大学生努力勤奋，积极参加各项社会实践

活动，善于在实践活动中创新，将理论和实践很好地结合在了一起，具备很强的动手能力；而有的在校大学生则整天无所事事、磨洋工，做一天和尚撞一天钟，学习成绩很差，更不用提动手能力了。

四、高校大学生管理环境的复杂性特点

随着社会主义市场经济的逐步确立和改革开放的不断深入，特别是自中国加入世界贸易组织之后，中国与世界各国的政治、经济和文化交流越来越紧密，西方的思想意识形态以前所未有的规模和力度冲击着我国高校大学生的人生观、世界观和价值观，直接冲击着他们所接受的传统的爱国主义教育、集体主义教育和社会主义教育。

同时，在国内全面进行社会主义经济建设的大潮中，市场经济对高等教育产生了不可避免的负面影响，高校教育体制改革和大规模的扩招办学使得当今高校的教育管理环境变得异常复杂。这些外在环境的变化给在校大学生的思想带来了很大的冲击。

在经济全球化、信息化、多元化、商业化的时代里，如何做好高校学生的管理工作不仅仅是教育工作所面临的一个挑战，更是需要努力解决的一个重大问题。它不仅关系到高校的安全稳定和各项工作的顺利进行，更关系到社会主义建设人才的培养和国家的长治久安。

五、高校大学生管理组织目的的明确性特点

高校大学生管理工作的组织目的，从宏观方面讲，是为社会主义现代化建设培养可靠的建设者和接班人；从微观层面来说，是为了创造良好的育人环境，通过一系列教育管理活动追求高校学生思想教育效益的最优化。

为了最终实现这一目的，高校管理者必须在认真贯彻执行党和国家的各项教育方针政策的基础上，紧跟时代发展的步伐，科学分析判断国内外大的政治、经济环境和高等教育所面临的问题，仔细研究教育管理工作主体、教育管理客体的特性，通过制订计划、进行决策、组织领导、全面控制具体确定大学生思想教育目标，充分调动各方面参与学生思想教育管理的积极性和主动性，优化配置学校教育资源，力争做到资源共享，把对学生的教育管理工作落到实处。

具体而言，就是通过科学构建学生思想教育管理体制，建设一支精干、高效的管理队伍，完善评估和信息反馈制度，为高校大学生管理工作提供良好的环境氛围。

第三节 高校大学生管理工作的目标

一、目标选择

（一）实现科学管理与人本管理的有机结合

当代世界管理面临的一大难题，就是难以统一科学管理和人本管理。科学管理是基于科学的制度设计，通过规章制度来管人。其优点是非常理性，具有确定性；但它的弊端是直线化，难以变通，不利于最大限度地激发成员的积极性。人本管理则刚好相反，具有非常人性和柔性的一面，但是具有不确定性。

和谐管理理论指导下的学生管理，既以人为"起点"、以人为"归宿"，又发挥科学的规章制度的作用，通过规则管理约束学生的行为，倡导既以制度管人，又以情感人、以文化励人和以良好的氛围凝聚人。这对提高学生管理的成效是具有针对性和显著作用的。

（二）实现有形管理和无形管理的有机结合

马克思说过，道德的基础是人类精神的自律。自律相对于他律来说更具有可靠性和持久性，一旦生成就会成为行为准则。和谐管理最高的境界就是要达到无为而治的状态。

对于大学生来说，他们正处在人生成长的重要阶段，对他们的管理就是要通过一系列的措施和手段使其将各种规范内化为心中的行为准则，使其自觉遵守规章制度。和谐的学生管理在管理的设计上从"无"到"有"，就是细化各项管理制度与规章；再从"有"到"无"，就是使外在的制度内化为每个学生的内在需求、素质、能力等。这是一个螺旋式上升的辩证过程，最终通过各种有形的制度、无形的氛围等促使学生朝着预定的目标努力，达到"从心所欲而不逾矩"和"无为而无不为"的管理境界。

（三）实现外在管理与自我管理的有机结合

现代人本主义管理理论从尊重人的角度出发，试图调动每一个人的积极性，使得他们在自己的职责范围内，根据全局的目标自行决定自己的工作，创造性地完成自己的工作任务。高校大学生管理工作，一方面是将大学生作为管理的客体，用外界的力量来进行教育管理；另一方面是大学生的自我管理。显然，这两方面应该结合起来，相互依存，相互促进。外在的管理能够通过科学的制度设计使学生朝着预定的目标前进。自我管理则能尊重个人的意愿，满足其民主管理的要求，通过尊重、理解、赏识、激励，充分发挥学生的积极性、创造性，使他们在和谐的情感氛围中自我管理，并不断地自我发展、自我超越，从而促进个人和整个学校的发展。

二、发展方向

（一）以生为本

以生为本是高校大学生管理的重要指导原则。以生为本就是要从学生的实际出发，一切以促进学生发展为目标，强调学生的自主性、能动性和创造性。其核心思想就是要确立学生的主体地位，弘扬学生的内在价值，通过管理服务使学生的潜能得到充分开发，使学生获得自由的、全面和谐的发展。

在实际工作中，一要把"一切为了学生"的理念贯彻到大学生管理的每一项工作中，增强学生的参与性和选择性，尽最大可能满足学生在学习和生活等方面的合理需求，努力为学生的学习、生活提供各种优质的服务；二要促进学生的全面发展，一切管理活动要有利于培养和发挥学生的主体性，增强和促进学生的主动性和创造性，通过管理服务职能的执行指导学生的发展方向，塑造有德、有才、有能力、有个性的学生。

（二）依法治校

依法治校体现在学生管理制度中，就是要加快推进大学生管理的法治化进程，将学生管理全面纳入法治化管理的轨道，充分尊重学生的人格和权利，客观、公正、全面地考核、评价学生，使学生管理工作顺畅、有序、和谐。首先，高校在制订校纪校规时要注意体现和维护学生的正当利益，表达他们的意志；其次，高校要建立完善的利益表达制度，畅通信息交流的渠道，让学生能够充分、有效地表达自己的合理见解，维护自身的正当利益，同时使学生与学生管理者加强沟通，有效提高管理的效率；最后，高校在大学生管理工作中应坚持正当程序原则，规范权力的运行秩序，使权力的行使符合法治精神，避免管理运行的无序性、偶然性和随意性，保证管理行为的合法性和高效性。

（三）公正民主

公正民主是和谐管理必须坚持的基本原则。高校大学生管理者只有发扬民主精神，坚持公正原则，才能达成和谐。现在大学生的自主意识、参与意识和民主意识日益增强，引导学生参与管理，改变学生在管理中的从属地位和被动地位，有利于消除大学生对于被管理的逆反心理。

民主精神应该体现和贯穿于大学生管理的全过程，使学生民主管理制度化、规范化、程序化；同时，要公平、公正地对待每一位学生，避免有失公正引发混乱和冲突。公正民主，才能最大限度地激发学生的积极性、主动性和创造性，才能把信任、爱护、依靠、沟通和指导渗透到管理工作的各个环节，才能增强管理的凝聚力，充分发挥学生的创造力。

（四）人际和谐

高校大学生管理中的人际和谐关系应该是师生之间、学生之间的和谐关系。人际和谐，就是人与人在社会交往过程中，基本利益一致，双方心理距离接近，心理相容性强，彼此感情认同。

人际和谐对于大学生而言，一是具有代偿作用，和谐的同学关系、师生关系可以代偿兄弟姐妹关系、亲子关系，消除离开家庭后的失落感与孤独感，给大学生以安全感和归属感；二是具有稳定情绪的作用，有助于大学生从紧张的心理状态下解脱出来，烦恼时有人倾诉，欢快时有人分享，使情绪得到调节，保持稳定；三是具有提高效率的作用，良好的氛围更有助于大学生充分发挥学习的积极性和创造性。同时，人际和谐还能使大学生感到自己为他人所接受，满足了自尊心，提高了自信心，加深了自我认识，有助于大学生客观而全面地进行自我评价，为早日成才创造良好条件。

第四节　高校大学生管理工作的重要性

一、高校大学生管理工作的地位

我国高校的根本任务是为社会主义现代化建设培养高素质的人才。高校肩负着培养具有创新精神和实践能力的高级专门人才，发展科学技术文化，促进社会主义现代化建设的重要任务。高校大学生管理工作是高校教育教学工作的重要组成部分，它对于全面贯彻党的教育方针，维护高校及社会的稳定，培养社会主义事业的合格建设者和可靠接班人具有重要意义。

（一）高校大学生管理工作与党务工作密不可分

高校大学生管理工作直接影响国家和社会的安全稳定，在一定程度上是政治工作的一部分，应归为高校党的工作。新时期，高校大学生管理工作被列为高校各项工作的重中之重，全国各大高校均应设立学生工作处作为专门教育和管理学生的职能部门。迄今为止，我国的学生管理部门都归属于党委领导。只有实行党委领导，才能使思想政治教育获得更大的保障，同时可以在思想政治方向上指导和引领学生，促进高校学生管理工作稳定发展，保障社会和谐进步。因此，要想使大学生在政治上跟党走，必须在管理上和党同行。

（二）高校大学生管理工作与教学工作紧密相连

培养人才、发展科学文化、提供社会服务是《中华人民共和国高等教育法》中规定的教育职能，三者是并列、相互交叉的关系，由这三点组成了高校大学生管理工作这一整体。其中培养人才是重中之重，因此，高校的学生工作和教学工作都是其坚强后盾和有力保障。两者相辅相成，不可偏颇对待。往往有些高校只把重心放在追求教学质量上，完全将教学工作作为中心工作，这样便忽视了大学生管理工作在保障教学开展和教学质量两方面起到的巨大作用，从而无法使输出的人才适应社会的需求。教学工作和学生管理紧密相连，对于学生的成长成才都起着巨大的推进作用，在全球经济快速发展的今天，为培养综合素质较高的人才提供了应有的服务，承担了应尽的职责。

随着我国教育、经济、社会的不断发展，高校大学生管理工作的地位也相应地发生了变化，高校大学生管理工作已由传统的管理学生向新型管理转变。传统的学生管理着重对人的管理，而新型的学生管理集教育、管理、服务于一身，更注重站在学生的角度，从学生的实际利益出发去开展学生管理工作。教育是指把对学生进行的思想政治教育和日常教育相结合，旨在把国家及学校的思想理念、正确的观点、正确的行为准则渗透到学生内心当中，使学生向着国家、社会还有学校所希望的方向发展、成才。高校应让学生树立正确的观念，坚定爱国主义信念，由外在教育向自我教育转化。管理的最终目的是让学生服从管理，从而配合教育教学。服务是指为了使学生成为合格的社会主义人才，从学生的角度出发，制订各种服务政策。教育、管理、服务三者相辅相成，缺一不可。服务是学生教育和管理的一种升华。先进的学生管理思想是离不开服务育人的观点的。各高校应树立以生为本的管理理念，对学生工作重视，对学生本身尊重，这有助于高校构建和谐的校园环境和师生关系。高校大学生管理工作是一项艰巨的、持久的工作。一味地重视服务也不能忽视和脱离教育和管理，如果学生没有受到良好的教育是无法树立正确的世界观、人生观和价值观的，那就无法开展教学工作，无法进行正常的学生管理。同时，管理也是教育的保障手段和有效措施，只有结合管理全方面进行教育，才能看见效果，达到理想的教育目的。教育是培养人才的一种方式，管理是其中的一种手段，服务则是更高层次地开展学生管理工作的一种形式。

（三）高校大学生管理工作是履行高校中心工作任务的根本要求

高校肩负着开展教育教学、科学研究、社会服务的重要任务，并且其功能还在不断拓展延伸。但是，人才培养始终是高校的中心工作，始终是高校最根本的任务，始终是高校区别于党政机关、企业及其他事业单位的本质特征。学生教育管理服务工作和人才培养的整体工作息息相关，它既是人才培养工作的重要组成部分，又对人才培养工作的诸多方面有着重要影响。学生教育管理服务工作的水平高低，关系着人才培养质量的高低；学生教育管理服务工作的成败，关系着人才培养工作的成败。

（四）高校大学生管理工作是大学生健康成长成才的内在需要

绝大多数学生渴望提高自身的综合素质，渴望发展自己的个性特长，渴望今后能成就一番事业，渴望过上幸福的生活，帮助学生逐步实现这些愿望，是高校学生教育管理服务工作的出发点和归宿。关键是要把党和国家的外在要求和受教育者的内在需求联系起来，把要求内化为学生的需要，把压力转化为动力。

（五）高校大学生管理工作是确保校园安全、稳定的迫切需要

育人是学校的中心工作，确保校园安全是育人工作的前提。高等教育改革、发展的历程证明，只有切实维护高校稳定，才能顺利推进高校改革和发展。同时，高校的稳定工作更是事关社会稳定的全局。要保持校园的"久安"，就必须在"长治"上着力。"长治"的重要基础就是要不断加强和改进高校学生教育管理工作。

二、高校大学生管理工作的重要性

（一）高校大学生管理工作能够引导学生健康成长

与制度规范和权益保障一样，大学生管理的完善也是一个渐进的过程。国家的法律条款、学校的规章制度能让学生明白孰是孰非，但要让大学生完成从"应该做"到"主动做"的转变，才是高校管理工作的重要任务。由此，规章制度如何融会贯通就显得极为重要。大学生管理工作从两个层面加快了这一过程的实现：首先，规章制度承认了学生们的业绩，因为规章制度在保障学生们的学习生活的

同时也赋予了他们各项权益权利；其次，规章制度的人性化打动了学生。此二者足以实现由客观到主观的跨越式转变，实现对学生成才的科学引导。

新时期形势下，我国的教育也发生了具有中国特色的变化，现如今高等教育的发展呈大众化普及化趋势，大学生规模日益增加，由此引发催生了一系列并发症和新的矛盾，如学生自我管理能力差、团队意识和社会意识淡薄、心理承受能力过低等，这些问题引起了全社会的关注。

在思考我国高等教育如何为社会经济服务时，我们必须关注社会转型给年轻大学生带来的冲击与影响，必须对不适应时代需求的那些高校管理理念和方法进行改革。

（二）高校大学生管理工作能够增强大学生的能力

高校是对人才进行培养的一个重要场所，这就决定了高校的各项工作都必须围绕着人才培养来展开。因此，在开展高校大学生管理工作时，要确保其具有培养、增强大学生能力的积极作用。比如，在开展高校大学生管理工作时，可以通过引导大学生参与社会实践活动来促进其社会实践和社会活动能力的提升。

（三）高校大学生管理工作能够深化高等教育改革

自改革开放以来，我国高等教育事业获得了巨大发展，培养出了无数优秀的合格人才。但是，由于受到多方面因素的影响，高等教育与社会主义事业的发展仍在一定程度上存在着脱节现象。这就决定了在高等教育的发展过程中，必须立足我国社会主义建设的发展现实，积极对高等教育的思想、内容、方法以及学生管理工作等进行改革。事实上，有效的高校学生管理及其改革，能够在很大程度上促进高等教育改革的深化。

（四）高校大学生管理工作能够保障学生的根本权益

高校大学生管理工作应最大限度地保障学生的根本权益，比如对学生的资助与奖励关乎学生的切身利益，每个学生对此都很关注，因此在这方面的公平公正就体现出了学校管理的能力。诸如此类的管理工作，始终贯穿于大学生管理之中，以各类法规、制度和条例的形式保障了学生的权益。"以生为本"是高校学生管理工作的根本原则，响应了学生维护自己权利的诉求，有力地保障了学生的权益。

（五）高校大学生管理工作能够促进合格人才的培养

高校是人才培养的基地，由于高校大学生管理是高校管理的一个重要方面，因而其必须要为培养合格的社会主义现代化建设人才服务。具体来看，高校大学生管理与一般的管理相比，是一种带有明显的教育性质的服务，即开展高校大学生管理不仅要促进高校各项机制的有效运行，还要尽可能达到教育的目的，使大学生成长为合格的"产品"，即合格的社会主义现代化建设人才。

总之，高校大学生管理是一种"管理育人"的管理，需要与高校的教学工作、思想政治工作和心理健康教育等一系列工作有机结合起来，以管理促进教育、以教育推动管理，真正促进大学生的成长与成才。

（六）高校大学生管理工作能够维护国家的安定与团结

我国的社会主义现代化建设事业要想顺利开展，一个重要的前提是具有安定团结的政治局面。

由于高校学生是一个特殊的社会群体，他们既有青年的特质，如朝气蓬勃、充满激情、追求真理、关心时事；也有着青年固有的不足，如容易冲动、互动性强、易走极端、时有盲从、阅历较浅、情绪不如成年人稳定等；他们是法律上的成人，但在心理上是准成人；他们与其他同龄人相比，掌握着更多的知识，但较之真正的知识分子，其所掌握的知识又存在结构上的缺陷和知识量上的不足；他们的参与意识急剧增强，思想上的可塑性也极大，但很容易出现偏激的情绪，也很容易与他人发生矛盾冲突，还很容易被不良的思想所影响。

因此，高校必须严格学生管理，制订并实施相应的政策、法规和行为规范，对学生的行为进行一定的约束，为他们的成长创造一个良好的环境，引导学生形成稳定的情绪，从而维护学校和社会的稳定。

第二章 高校大学生管理工作发展历史与现状

近年来，我国的高等教育事业实现了跨越式发展，造就了大量社会主义现代化事业所需要的专门人才。但是，由于高校连年扩招、学生数量增长迅速等，高校大学生管理工作也面临着不少新的情况，亟须高校学生管理者总结经验、探索更为恰当的大学生管理方法。本章分为高校大学生管理工作发展历程、高校大学生管理工作的现状、高校大学生管理工作的新机遇与新挑战三部分。主要包括高校大学生管理工作取得的成绩、高校大学生管理工作面临的问题等内容。

第一节 高校大学生管理工作发展历程

一、起步阶段

新中国的成立宣告了一个时代的结束和另一个时代的开始，相应的是，我国的高校大学生管理工作也翻开了崭新的一页。1949年至1956年，我国基本完成了三大改造，与此同时，我国高校也顺利地完成了对旧中国教育体制和制度的改造任务，社会主义教育体制和制度在我国初步建立起来。这一时期的工作重点一方面承担着改造不合时宜的旧的教育任务，另一方面，也承担着建立培养社会主义建设者的新的教育体制的重大责任，初步形成了高校学生思想政治教育与学生管理的有效结合。

（一）加强对高校学生的新民主主义思想教育和马列主义思想教育

土地革命时期、抗日战争时期和解放战争时期，我们党在根据地和解放区形成了一整套系统的行之有效的教育管理办法。新中国成立之后，通过进一步的推广和宣传，我们党和政府在全国范围内开展了广泛的思想政治教育，主要目的是清除封建思想残余对广大青年的影响，确立了马列主义思想教育在教育管理工作中的主导地位，形成了以马列主义、毛泽东思想理论课程为主体的教育体系。这一时期所采取的教育方针、教育内容、教育方法和实现的教育任务，与我国新中国成立初期的实际情况是基本相符的。解放初期的我国高校正处在革命性的转折时期，社会主义高校学生管理必须迅速取代半殖民地半封建社会的高校学生管理。而要实现这种转变，其根本措施之一就是在接收、接办的高等学校里，加强马列主义的思想政治教育。这一时期，思想政治教育是管理不可缺少的一种手段。

（二）建立高校教育管理机构和相应的政治工作制度

这一时期，党和国家在高等院校中建立了专门的教育管理机构和相应的政治工作制度，这一措施使得高校教育管理工作逐步走上正轨，取得了非常明显的效果，逐步形成了一些为社会主义高等教育服务的教育管理办法。这一时期的学生教育管理体系的主要特点是，在学校党委统一领导下，党政两方面齐抓共管，主要以马列主义、毛泽东思想的政治理论课为主体，社会主义青年团、学生组织、教师管理队伍自下而上密切分工配合。在学生管理和思想政治教育方面，比较重视发挥学生党员、学生团员和学生会的作用，同时也较重视培养大学生进行自我管理和独立开展工作的能力。

二、摸索阶段

1956 年到 1965 年，是高校大学生管理工作的摸索阶段，这一阶段国家对于高校教育工作的重要性和必要性给予了充分肯定，并号召全体高校教育工作者避免单一的工作流程和教育方法，认真为国家培养合格人才。同时，教育部号召各高校减轻学生学习负担，给学生适度的自由时间，使学生能够树立正确的世界观、价值观、人生观，避免学生死读书、读死书的现象发生；倡导学生能够把所学的知识运用到实际的工作当中，即理论联系实际，为我国的社会主义建设做贡献。

（一）认真贯彻党的各项教育方针政策

1957 年，毛泽东同志提出了我国的教育方针："我们的教育方针，应该使受教育者在德育、智育、体育几方面都得到发展，成为有社会主义觉悟的有文化的劳动者。"这成为我国各级各类学校培养人才的总目标。1958 年，我国又提出了"教育必须为无产阶级政治服务，必须同生产劳动相结合"的教育工作方针。这个时期的高校学生教育和管理的核心就是贯彻党的教育方针。1958 年，我国高校加强了教育与生产劳动的结合，大力组织各级各类学生上山下乡，进行勤工俭学，了解社会生活，熟悉工人和农民的生活实际，实现脑力劳动和体力劳动的有机结合。这使得学生获得了实践锻炼的机会，提高了学生的思想觉悟，也使学生获得了书本上得不到的知识，养成了良好的劳动习惯，增进了他们和劳动人民的友谊。

（二）认真贯彻执行"调整、巩固、充实、提高"的方针

高校党委积极认真贯彻了党中央的"调整、巩固、充实、提高"的八字方针。为了吸取这一时期教育工作的经验教训，切实有效地提高大学生管理工作水平，1959年6月，中共中央批转了共青团中央《关于对学生进行思想政治教育中的几个问题》，报告要求学校的各项工作要以教学为中心，教育管理工作应当努力配合教学工作，这有利于在学生中形成认真读书、刻苦钻研的风气；教育管理工作者要善于运用多种手段，从不同方面加强对学生的教育工作；要处理好民主与集中的关系，在民主集中制原则的指导下，形成民主和自由的风气，要严格区别出是人民内部矛盾还是敌我之间的矛盾。同时，加强思想政治教育，也相应地加强了政治辅导员队伍的建设，这也是这个时期高校大学生管理工作的重要特点。

当时，为了在高校中切实有效地开展思想政治教育工作，加强党对高等教育事业的领导力度，国内的部分高校有计划地在校内设立了政治辅导处及政治辅导员，从教师和学生中选拔理论水平和政治素质过硬的人员担任，他们的主要任务是辅导大学生进行各种政治学习和参加社会实践活动。政治辅导员队伍在1967年以后逐步扩大。这支队伍集学生教育与管理职责于一身，将学生管理与思想政治教育有机地结合起来。它的产生和发展是同当时我国的政治形势相适应的，为实现社会主义大学学生的培养目标起到了重要的作用。

三、发展阶段

20世纪六七十年代，我国的高等教育遭受了巨大的冲击和影响，高校学生管理工作基本处于停滞状态。改革开放后，我国大学生管理工作终于迎来恢复和重建阶段。十一届三中全会后，我国实行改革开放政策，坚持走中国特色社会主义道路。学生工作也全面进入复苏阶段，国家提高了对大学生管理工作的重视程度，认为大学生管理工作是政治工作的一种形式、一种手段，已渐渐地由单纯的政治教育转化为德育的组成部分。为适应当时的社会发展和高等教育要求，高校坚持落实国家要培养德、智、体、美、劳全面发展的学生的政策方针，坚持打造综合素质较高的社会主义建设者和接班人。

20 世纪 80 年代以后,高校成立了学生工作处,专职负责学生工作,同时也负责大学生的思想政治教育工作。各高校党委也提高了对学生工作的重视程度。部分高校的党委还与学生工作处联合管理学生工作,突出了高校学生思想政治教育工作在高校大学生管理当中的重要性和指导性地位。各高校为了使学生工作做到全方位、无死角,采用辅导员全面负责、班主任协调管理的方式,以科学的管理方法去教育学生、管理学生。同时,高校还出台了规范的学生管理规章制度,严格按照制度管理,创造了自我管理的先进管理模式。学生工作的快速发展,也加快了校园文化活动建设的步伐,各类学生活动呈现多彩绽放的局面。

进入 21 世纪,随着我国社会主义市场经济体制的建立和不断完善,面对高等教育进入大众化阶段的现实,高校大学生管理工作的内涵不断丰富,国内多数高校的学生工作采取学校、院系二级管理,院系在学校的领导和宏观指导下开展工作。许多高校在校学生工作部(处)下设立了一些学生服务与管理机构,如大学生助学办公室、大学生心理咨询中心等。

第二节 高校大学生管理工作的现状

一、高校大学生管理工作取得的成绩

培养全面发展的高素质人才,为社会主义现代化建设服务是高等学校的根本任务。作为高校管理工作的重要组成部分,大学生管理工作的水平高低直接关系到高校人才培养的优劣。多年来,广大高等学校高度重视大学生管理工作,投入了大量的人力、财力、物力;学生管理工作干部在多年的实践中认真贯彻教育方针,在大学生管理工作的理论研究上,进行了有益的探讨,在管理工作的实践中取得了一定的成绩,为各行各业输送了大批专业人才。经过理论的研究和实践的摸索,高校大学生管理工作日益规范化,主要取得了以下成绩。

(一)教育法制化建设日臻完善

教育法制化建设是社会主义法制建设的要求,也是教育管理自身的要求。随着民主法治理念的普及和个人权利意识的增强,原有的高校学生管理思想、管理模式、管理方法越来越不适应现阶段形势的变化和发展。在社会法制化建设过程中,教育法律体系进一步完善,大学生的权利意识有了很大的提高,他们不再是简单地服从于学校管理,不再是完全遵从学校强加给自己的各种规章制度,而是

权利诉求不断高涨。他们需要从学校那里获得更多的自由和保护，当某些权利诉求不能得到公正、公平的处理对待，或者大学生们认为没有获得应有的权利时，他们就利用各种方式来维护自己的利益，甚至不惜与学校对簿公堂，高校大学生管理的权威性受到了前所未有的挑战。

（二）注重大学生思想政治教育

高校大学生管理工作者提高了思想认识，重视日常的思想政治工作，不断更新观念，树立了服务理念，增强了服务意识，引导并帮助大学生成长成才。他们对大学生的教育既做到了教育与引导，又做到了理解和尊重。基层学生管理工作者严格规范大学生的学习和生活，着力提高大学生的文明素养，促进其文明习惯的养成，培养大学生成为现代化的"四有"新人。

大学生管理工作者对大学生进行思想政治教育，结合大学生在不同学习阶段呈现出的不同心理状况，进行有针对性的教育引导，促进大学生综合素质的全面提高。"通过在学生中开展评优评先的活动，鼓励大学生努力学习，积极进取；通过对学生进行光荣传统的教育，让学生养成艰苦奋斗的品质，为其今后的学习和生活打下坚实的思想基础；通过社会实践，培养学生艰苦奋斗的精神，引导他们通过锻炼找到自身的不足；通过对毕业生的教育，引导学生正确地进行职业生涯规划，帮助其形成正确的择业观。"总之，对大学生进行思想政治教育，能帮助学生树立正确的世界观、人生观、价值观，从而全面提高个人素质。

（三）充实了学生管理工作队伍

随着微博、微信等微媒体的盛行，某些个性鲜明的传播主体就容易成为群体中间的"意见领袖"。他们在人际传播网络中经常为他人提供信息，是对他人施加影响的"活跃分子"，他们在大众传播效果的形成过程中起着重要的中介或过滤作用，他们将信息扩散给受众，形成信息传递的两级传播。学生群体中的"意见领袖"，在学生中间发挥着重要的引领作用。他们一般在学生中影响力较大，粉丝众多，因此传播的信息能够得到更多人的关注、转发、评论，在朋辈同学之间具有较强的向导优势。他们通过发布信息、转发和评论帖子与同学形成互动，甚至他们积极或消极的评论态度都可以影响和左右其他同学的看法，引导着校园舆论走向。

微时代下，重视"意见领袖"，能体现学生在自我管理、自我服务、自我展示中的积极作用，因此，高校要重视学生组织建设及"意见领袖"的培养，不断充实学生管理工作队伍。

第一，重视学生组织的建设工作。学生组织是学生"意见领袖"产生的集中地带，如团委、学生会、社团等学生组织基本都有自己的微媒体平台，且平台关注人数多、点击率高。加强对学生组织的领导和管理，从中选拔优秀的学生，发挥他们的积极性、主动性，为产生"意见领袖"奠定了基础。

第二，重视"意见领袖"的培养工作。从学生组织中选拔与培养一批"意见领袖"，既培养他们使用微媒体的技能和素养，又帮助他们树立全局意识及亲近朋辈学生的观念，发挥他们的模范带头作用，使其带领朋辈学生参与到校园文化建设中去，并投入微媒体舆论引导的工作中去。

（四）学生管理的工作体系初步形成

随着高校的大学生管理职能不断扩大，管理功能出现了分化。一些高校成立了由学生处、团委、教务处、招生就业处、总务处等部门共同构成的学生管理工作领导委员会，协调全校的学生事务。学生处的职能不断扩大，并开始出现分化，分工也越来越细。

许多高校成立了学生心理咨询中心、勤工助学服务中心、大学生活动中心、宿舍服务中心等机构。各院系基本都成立了学生工作领导小组，一般由一名党总支副书记专职分管学生工作，领导专、兼职辅导员具体开展学生管理工作。校、院、系三级学生会普遍设立，引导学生开展自我教育，进行自我管理和自我服务。

二、高校大学生管理工作面临的问题

高校以培养全面发展的创新人才为目的，其大学生管理工作的水平将直接影响人才培养质量和高校的长远发展。高校大学生管理工作者在多年的研究和实践中取得了一些成绩，但随着政治、经济的发展，高校大学生管理工作也出现了新的问题，主要体现在以下几个方面。

（一）个人方面

当前，由于学生面临多种社会压力，如学习压力、工作就业压力等，同时，大学生绝大多数都是独生子女，他们的个人意识强、集体意识弱，因而可能会产生一系列的心理问题。心理问题轻则可能会影响学生的学习、人际交往，使其产生一些心理疾病；重则会让一个学生误入歧途，甚至走上犯罪的道路。这不仅会影响一个学生的人生选择和前途，甚至可能造成一个家庭或者多个家庭的悲剧，更为严重的还会影响社会公共安全。

而且，由于信息的获取渠道更加广泛和便捷，信息更加多元化，学生受到的影响也不尽相同。并且学校的学生来自全国各地,其社会文化背景以及生活方式和风俗习惯也存在差异,因而他们聚集和居住在一起之后,难免会有一些心理上或者其他方面的问题和不习惯之处。

此外,许多孩子上大学也是第一次离开父母或者离开家,来到一个陌生的环境学习与生活,需要一个适应的过程,而在这个过程中,如果教师和辅导员不能够及时与他们交流和沟通,他们也有可能会产生一些心理问题。

(二)学校方面

1. 学生管理观念滞后

所谓管理理念,就是指管理的指导思想或宗旨。由于我国长期以来受计划经济体制下种种观念的束缚,在我国高校中,学校扮演的是主动的教育者和管理者角色,学生则是扮演被动的受教育者和被管理者角色,实际上就形成了学校与学生之间过分依赖的主从关系。

在这种传统的管理观念的影响下,大学生管理工作形成了一套过分强调统一性而忽视大学生作为个体人的需求的严格的管理制度,从而使各高校学生在知识结构、思维方式、个人能力等方面相似度太高,不具有个性化、差异化。这种曾在高校管理中发挥过重大作用的封闭式管理模式,由于忽视了学生的主体作用,限制了学生的个性发展,抹杀了学生的创造力,在不断发展和进步的经济形势下负面影响已日益凸现,它已经不再适应当今社会发展的需要。

21世纪的竞争,本质上是一场人才的竞争,作为我国高素质人才培养基地的高等院校,任重道远。为了完成这一艰巨的重要任务,树立科学的管理理念是我们应该首先践行的。学生是高校教育和服务的对象,为学生成才服务应该是高校管理的科学理念,高校应当树立先进的为学生服务的宗旨,并且所有工作必须紧紧围绕这个宗旨来进行。

2. 学生管理体制欠缺

目前,我国大多数高校基本上还是沿用计划经济体制下的学生管理模式,在学生管理体系上分成行政管理和思想教育两大系统:行政系统,主要由学生工作处、院(系)学生管理办公室、各班班委会构成;思想教育系统,主要由学生工作部、团委、各院(系)团总支、班级团支部构成。这种管理模式按照党政分开的原则,具有强烈的行政倾向,但是在这个现行的学生管理体制中,学校行政工作运行不畅,让工作人员常常会感觉到事倍功半,而造成这种现象的根本原因还是学生管理体制不完善。如果高校在计划经济体制的影响下一味地追求大而全，实行党政分管，盲目地依照我国普通事业单位的管理体制来设置各个职能部门，那么我国高校的学生管理工作将会面临举步维艰的局面。随着我国社会经济的不断发展，各项体制改革的有序实施，高等教育的管理机制也需要不断注入新的血液。针对我国高等教育的特点和教育系统的特殊规律，各高校应以发展的理念来办高等教育，从培养合格人才的高度来构建学生管理体制。

3. 学生管理的渠道单一

从目前我国高校的大学生管理工作的实际情况来看，很多高校已经加强了对学生的指导和服务工作，但在科学化管理渠道上仍然存在诸多问题。

首先，部分高校的硬件设施条件跟不上信息化发展的步伐。目前，网络化、信息化发展速度迅猛，但网络信息鱼龙混杂，学生非常容易接触到负面的网络信息，对于缺乏辨识能力和自控意识的他们来说极易产生负面影响。因而，作为学生工作管理者应加大对学生网络学习的管理和引导。与此同时，学校应以"管理方便、快捷"为目标加快校园网的全面建设。

其次，大学生管理者应当把充分了解和研究当代高校学生的特点作为一项重要工作去完成。在实际工作中，一些大学生管理工作者的工作效果并不理想，他们不注重基础文明建设，不擅长做有目的性的思想教育工作，在某种程度上忽略了大学生的心理健康问题；并且在处理问题的方式上通常只是简单的说教和训导，未能正确地进行前瞻性的引导，严重时甚至会在工作中走极端。

最后，随着高校后勤工作社会化的不断推进，学生在学习、娱乐、生活、社交等方面逐步扩宽范围，大学生活实现社区化，同班不同室、同室不同班的现象已不少见。面对这些大学生管理工作中出现的新情况和新问题，先前传统的管理模式和手段已不再合时宜。因此，高校的管理手段和方式的科学化是当前大学生管理工作的重中之重。

4. 学生管理制度不完善

高校大学生管理制度作为高校用于管理学生的一系列的法律法规的总和，贯穿我国高等教育发展的始终，有力地推动了我国高等教育的发展。然而随着我国的高等教育进入大众化阶段，高校大学生管理制度在与时俱进方面以及执行层面还存在许多新问题、新情况。

（1）管理制度内容不全面

当前高校大学生管理制度仍侧重于约束、监督、强制。这种管理制度在一定程度上能够起到保障学生安全、规范学生行为的作用。但随着"以人为本"理念的深入，这种管理制度的弊端日渐显露。其建设的出发点并没有从满足学生的根本利益出发，缺乏人文关怀与服务意识，管理目标与促进学生全面发展的核心目标没有契合。维护高校正常教育秩序、生活秩序的管理制度能否得到认同、遵守，达到形成良好的秩序的目的，取决于是否结合了高校自身实际，符合学生个体需要与身心发展特点。高校大学生管理制度本身要从促进学生全面发展出发来制订、修改、完善。

（2）管理制度执行不到位

高校大学生管理工作者在管理制度的执行层面人为随意性较大，管理制度程序不规范。高校的管理制度以及管理人员由于缺乏法治精神，在实际管理工作中有"重实体、轻程序"的现象，因此造成学生的遵纪守法意识淡薄。问题出现后，管理工作者以"消防员"的角色出现，把大部分精力和时间用在调解与矛盾预防上，管理效果不是很好。如果能够实现高校大学生管理的法治化建设，运用法律手段来管理协调高校大学生的行为，不仅有利于提高有关管理工作的效率、质量，而且也能减少高等教育在管理方面的重复劳动，创造实施素质教育的条件。

5. 学生的管理方式比较松散

虽然学校意识到了微媒体的重要作用，在实践中也不断改进工作方法，但是对于微媒体的运用，仍然缺乏统一规划，管理方式也比较松散。如有些微信公众号发出来的信息不精准，出现了主题模糊无界、内容杂乱无序、质量良莠不齐等现象；有的对学生反馈的信息收集、整理不及时，只发挥了传播信息的功能，没有很好地实现交流、管理、服务的功用；还有一些平台是学生自发建立的，缺乏组织性，且缺少统一的规划和管理，使得学生管理工作者难以充分利用并实现管理功能。为了持续发挥微媒体在学生管理工作中的作用，就需要学校投入大量的人力、物力、财力，对校园各类微媒体进行长期管理、维护，而这个过程很难在短时间内实现，这也是目前难以实现统一规划管理的重要原因。归根结底，管理方式松散主要是因为学校缺乏全方位的统筹规划，且所运用的微媒体不能构建成一个相互补充、相互融合的体系。

6. 考核学生的方法不多

随着高考扩招，生源发生变化，学生的层次有降低趋势，学校、教师们对此应对不足，还是按照往年的内容及难度来讲授课程，有些学生接受起来就比较困难，对学习失去兴趣。目前，大部分高校对学生的考核比较简单，绝大多数都是通过闭卷考试并结合学生的平时成绩来考核。考核方式的不合理造成学生大面积挂科，势必影响其学习积极性，进而产生迟到、旷课、早退等行为，给管理工作增加了难度。

7. 学分制管理的实施引起的新变革

当前高校进一步改革，实行了以课程为桥梁，不同专业学生在一起学习的学分制管理模式。这种模式给传统的学生管理带来了压力，学生管理工作针对的不再是整齐划一的学年制教学班级，而是管理多变的非同专业、非同班级的学生。同时，学生管理者除了进行常规的思想政治教育之外，还要指导学生进行职业生涯规划，引导学生自我学习、自我管理。新型的学分制管理使得学生管理工作由指令性变为了指导性，所以要求大学生管理工作要构建一个崭新的平台以适应学分制条件下的学生管理。

8. 高校后勤社会化改革引发的新问题

随着市场经济的发展和高校"服务育人"理念的不断深入，大学生对学校生活、学习条件提出了更高的要求。为了满足学生的需求，高校进行了后勤社会化改革，这是高等教育发展的必然趋势。高校后勤社会化向社会开放校内市场，允许社会人员进入高校为大学生提供更便捷和更优质的服务。后勤社会化使学生享受到了更好的服务，他们通过勤工俭学等社会实践养成了吃苦耐劳的精神，提高了自我管理的能力。

但是，后勤社会化也引发了诸多的问题，如"社会因素带入校园造成了大学生价值观念的转变；学校与学生的关系转变为经营者与消费者的关系，无形之中增加了管理的难度；社会上不稳定的因素也随之被带入校园,造成了校园的不稳定等"。

与此同时，高校大规模扩招，原有的校园已经不能够容纳更多的学生，很多高校开始建立新的校区。新校区的建立在解决了空间问题的同时，由于对学生进行分开教育，给传统的学生管理模式也带来了挑战。

新情况和新问题的产生，使传统的大学生管理已不能适应新体制的要求，同时也影响了学生管理工作的效果。创新高校大学生管理工作，探索新的管理模式已刻不容缓。

9. 学生管理工作的信息化缺乏科学的理念支持

尽管教育信息化经过十余年的建设与发展暂时取得了显著成绩，社会各个层面对教育信息化的认识也有了很大的提高，但是在高校中，仍然很缺乏能够准确把握教育信息化在教育事业发展与改革中的重要地位的领导。部分领导只将信息化看成是锦上添花，不愿意全面参与信息化的决策，思想观念上也认识不到位，缺乏长远的目标。高校领导只有对信息化有较深的理解，能够对教育信息化这项庞大的系统工程进行统筹规划，才能取得信息化建设最后的成功。相反，如果高校的信息化建设没有统一思想和认识，也没有进行合理的规划，往往会产生信息化设备的配置不平衡等诸多问题。目前高校信息系统的开发很多都是由校内各职能部门根据自己业务分工的不同而自行组织实施，由于各部门所开发的系统采用的技术架构和技术实现方案差异很大，代码缺乏统一的标准，一些关键性的数据不能通用，各种应用系统因为各自为政而显得零乱和低效，系统之间难以实现信息共享。

另外，很多管理人员由于受传统观念的影响对学生工作信息化的认识还不够，他们信息管理意识淡薄，对加快推进信息化建设不敏感，平时也往往抱着"用得好就用，用得不好就算"的将就态度，不喜欢也不会对信息技术进行主动学习，甚至不少管理人员对学生工作信息化产生疑问和抵触情绪。个别辅导员也会因为对信息操作不当而产生重复劳动，进而对信息系统提出质疑。

10.学生管理工作中对各类信息技术的运用不充分

虽然高校在大学生管理中使用了各种信息技术，但不同的人员在不同的情况下也存在不同的问题，许多人不会充分利用。在高校开展学生工作，需要每日对小事进行积累和总结。因此，高校大学生管理工作需要从学生的角度来探索，从学生的学习、生活和心理等方面，正确引导学生们的言行，促进高校学生正确三观的形成。

（1）各院系学生管理工作平台的建设存在差异

高校各个院系的学生管理工作性质和内容颇为不同，例如，高校的党委组织部组织师生党员进行系统的理论学习，搭建适合自己部门工作的技术平台，并且对党员的信息管理也做到了信息化管理。

其他各院系也针对各系部管理的特点建设了技术平台，但没有积极运用已有的工作平台，使用比较普遍的就是QQ群、微信群等。调查发现，各院系学生管理工作平台的建设存在较大差异。一些学院和部门连基本的网页常规内容更新也成问题，更谈不上利用新的技术平台来开展学生管理工作了。

（2）信息技术平台和工具的运用不充分

校园官方网站的学生管理工作内容少或更新不及时，点击率低。有些院系的网页虽然及时更新了内容，但由于内容不够吸引人，学生的浏览率始终得不到提高。经过调查发现，浏览量最多的是公告栏中的各种通知公告，大学生管理工作中最重要的思想政治教育方面的内容反而在网站上没有太多的体现。即使有网页内容做得也不够新颖，网站内缺少互动环节，没有顺畅的沟通与反馈渠道，也没有给学生创造一个很好的反馈自己意见的沟通平台，学生的实际生活和学习情况不能够在信息化平台上显现出来。

目前，在高校校园网络建设中还存在一种现象：教务处、图书馆、招生办、就业处、学生处（部）、团委等与学生关系密切的部门均为学生提供了一些信息内容，但这些信息都没有实现共享，造成各项数据重复混乱，使学生的用户体验感下降。

11.传统的高校学生管理模式不能适应新形势的需要

传统的大学生管理模式重事务管理，轻服务育人，这与"以人为本"的学生管理理念是不相符的。然而，现今一些高校仍然使用传统的学生管理模式，管理者把自身看作主体，学生在管理过程中只是被动地服从管理者的管理。在管理中管理者只是告诉学生"不能做什么"，使用单纯的训导方式，抹杀了学生内在的创造欲望；同时，在管理过程中，管理者往往采用以惩罚为主要手段的管理方法，难以取得良好的管理效果。新形势下，大学生管理工作者要转变思想认识，树立"以人为本"的服务理念，以培养全面发展的学生为出发点，为学生综合能力的提高创建平台。

（三）社会方面

1.市场经济深入发展的影响

随着我国市场经济的深入发展，社会对高级知识人才的需求增大，人们更加渴望接受高等教育。为了适应经济的不断发展，国家出台了高校扩招的政策。因政策的实施，高校在校生人数不断增长，我国高等教育实现了"精英教育"向"大众教育"的过渡。贫困生和独生子女的增多、生源质量的下降、学分制的改革和弹性学制的实施都给高校学生管理工作带来了很大的难度。由于高校连年扩招，在校生人数不断增加，高校的后勤配套设施越来越不能满足学生的需求。比如，食堂容量不够，导致用餐拥挤；文化体育设施建设落后，导致大学生课外活动单调等。同时，随着经济的发展和改革的不断深入，大学生的思想观念发生了很大的改变，价值取向也发生了转变。大学生思想行为的差异性使得原有的学生管理模式不能完成高校的培养目标，高校大学生管理工作困难重重。

2.社会各界力量的有效参与少

学校应考虑利用社会各界的力量，为大学生的全面成长创造有利环境。如可以聘请社会精英力量担任学校荣誉辅导员，定期对学生进行人生规划的指导，促进学生了解社会。学校也应该多和企事业单位加强联合与合作，建立长期的固定的学生社会实践基地，为学校培养人才寻求广阔的渠道和支持。

三、高校大学生管理工作问题的成因

（一）个人原因

大学生"是从家庭圈子转向社会圈子的一个'移民'，他们逐渐摆脱了旧型的社会监督，进入新的社会监督形式"。高校被称作"小社会"，在这里，大学生脱离了家庭的保护和庇佑，角色上也发生了改变。面对角色的转变，很多学生还处在一个茫然的状态里。他们感到孤独和无助，无法适应新环境，自身缺乏归属感。他们自身无法进行自我控制和自我调节，甚至还会出现消极和偏激的行为。同时，他们由于价值观尚未建立，极易受到错误舆论导向的影响，这是高校学生管理工作容易出现问题的重要原因。

（二）学校原因

随着市场经济的发展，部分高校存在重经济利益、轻学生管理的现象。高校学生管理目标的不明确，影响了高校的长远发展，而培养高素质和高质量的人才是高校的生存基础和实现长远发展的重要条件。另外，部分高校的教育教学改革没有深入进行，陈旧的教学设施和教学方法、单一的教学手段不仅使教师降低了教学的积极性，也使学生失去了学习的兴趣，把本应该用在学习上的时间，都用在了上网、娱乐方面。部分学生的需求通过网络的虚拟世界得以满足，严重影响了学生的成长。高校体制的不合理和管理目标的不明确成了高校学生管理工作出现问题的客观原因。

（三）社会原因

随着经济体制的转型，高校的教育体制也发生了改变，高等教育已由传统的"精英教育"变成了"大众教育"。大学生受开放环境的影响，思想状态和价值观念也发生了改变。然而，高校的学生管理模式并没有随着社会的转型而发生改变。

随着改革的不断深入，高校大学生管理中存在的问题不断地显露出来。一些大学生过分地追求自我价值的实现，缺乏社会责任感和集体荣誉感；部分大学生过于重视物质财富的追求，忽视精神财富的积累……这些都是高校大学生管理工作难以开展的原因。

（四）教育原因

大学生是高校大学生管理工作的主体，在日常的大学生管理中要坚持"以学生为本"。但随着科学技术的发展，"工具主义"逐渐成了大学生管理的指导思想。它主张通过对学生进行常规化的管理，来达到人才培养目标，把学生作为"工具"来培养，造成了人文关怀的缺失。"工具主义"其"最根本的错误就在于它放弃了'为何而生'的教育，不能让人们从人生的意义、生存的价值等根本问题上去认识和改变自己"。

第三节　高校大学生管理工作的新机遇与新挑战

一、高校大学生管理工作的新机遇

（一）网络环境给高校大学生管理工作带来的积极影响

1. 使高校大学生管理工作数字化

高校大学生管理可划分为学习管理和生活管理，涉及方方面面。网络环境为高校大学生管理提供了一个新的工作平台，让学生管理工作转向数字化、自动化、网络化。

2. 提升了管理双方的沟通效率

传统的教育管理模式利用管理者的权利是和地位强迫学生绝对地服从，学生往往敷衍了事或者消极怠工。管理者一般只是通过班干部获得信息，真实性可能会大打折扣。被管理者有什么真实想法，也很难及时反馈到管理者那里。强压式的管理方式不能及时了解学生的各项需求，对学生存在的问题也不能及时发现，导致整个管理过程都是单向的、被动的。

被管理者可以通过网络及时了解信息，在虚拟空间就任何一个通知、任何一件事发表自己的看法，管理者也能及时了解学生的思想动态并给予回复，这在较大程度上提升了高校大学生管理工作者与学生的沟通效率。

（二）微时代丰富了大学生管理工作者的方法和手段

很多高校的校园网络已基本或是正在努力实现教学区和生活区的全覆盖。许多高校大学生管理工作者从工作实际出发，建立了班级、院系等不同层次的微博、微信、QQ等微媒体平台，并把它们作为开展思想教育、学习教育和日常管理等工作的新阵地，旨在创新工作方法和手段，实现高校大学生管理方式的信息化、网络化，提高工作的时效性，增强其在学生中间的影响力和辐射力。如通过微博、微信等平台发布校园新闻、专业特色、师生风采、重要通知等资讯，这使得微媒体平台成为校园内学生与学生、学生与教师沟通和交流的一个窗口，拓展了学生管理工作的平台。

（三）信息化使大学生管理工作高效化

社会信息化，是以互联网技术为代表的信息技术不断发展的一个必然结果。我们已经步入信息化时代，社会信息化对于高校学生思想政治教育工作的影响是深远的。信息化让学生管理工作转向数字化。在以前，高校在统计学生基本信息时往往采用一个学生一张信息登记表的形式，以便辅导员或其他教师了解学生的基本情况，而现在，学生的信息统计基本上都采用了数字化的存储方式，大学生管理工作趋于高效化。

二、高校大学生管理工作的新挑战

（一）管理对象存在"特殊性"

在高校中，大部分学生是"00后"。他们是伴随着信息化和互联网时代成长起来的一批人。他们思维活跃，个性鲜明，喜欢打破传统和标新立异，对新鲜事物和新知识能更快接受。同时我们也必须清楚地认识到，一些高校大学生自身综合素质不是很高，学习自主性不强以及缺乏遵守校纪校规的自律性。

（二）网络环境给高校大学生管理工作带来的消极影响

1. 网络环境挑战了高校管理人员的权威

随着社会的发展，受教育者的自主性、民主性不断增强。过去的管理过分强调制度的权威性，很多政策规定的制订都是有利于管理者的，强制性地要求学生无条件地服从。教育管理者是信息的唯一发布者，代表着管理层的权威。在网络环境下，大学生可以借助网络更快捷地获取信息，管理者的权威性不再占有明显优势。

网络的发展使教师不再是大学生的唯一导师。大学生对管理者枯燥而反复的说教有时显得极不耐烦，特别是对他们行为的控制和约束，使得学生觉得教师不理解自己。加上有的教育管理工作者不能耐心引导学生，更加激发了学生的对抗情绪，使师生关系处于紧张状态。

2. 网络环境侵袭了高校学生的思想观念

传统思想观念的建立基于一定的物理空间，受到人们人际交往圈子的限制。一般而言，处于同一社会地位的人的思想观念相近，即使某些人思想偏激也只能影响身边的人，传播范围有限。

但网络改变了传统的社会交往方式，给人类交往以全新的内涵，人们可以自由访问各种信息资源，了解不同国家、不同民族的思想意识、价值观和生活方式。如果不对网络中的不良文化加以正确引导，就不利于大学生形成正确的思想观念，对其世界观、价值观、人生观的形成都会产生一定的负面影响。管理者必须通过有效的管理方式，引导大学生以正确的心态抵制网络环境的种种诱惑。

3. 网络给大学生身心健康带来的消极影响

众所周知，连续上网有种种危害，如情绪低落、眼花、双手颤抖、疲乏无力、焦躁不安等；同时，不良的上网环境也会损害青少年的身体健康，甚至可能会造成人身伤亡事件。

更令人担忧的是，网络还严重影响着大学生的心理健康。最典型的便是网络成瘾症，即"网瘾"：上网就异常兴奋，上不了网就"网瘾难耐"。其典型症状是：整天沉溺于网络，甚至不吃不喝不睡，通宵达旦，导致体能下降、生物钟紊乱、注意力难以集中、情绪低落、思维模糊、头昏眼花、双手颤抖、疲乏无力、食欲不振等，严重者甚至"走火入魔"，出现体能衰竭或精神异常。他们一天中的大部分时间都在网上度过，对自己不再有任何控制，逃避现实，越来越愿意待在网上。迷恋网络还会引发网络孤独症、人际信任危机和各种交际冲突。网络孤独症与网络成瘾症非常类似，只是前者更多地表现出生理和认识方面的障碍，后者侧重于人际交往方面的障碍。网络成瘾症必然伴有不同程度的人际关系障碍，网络孤独症患者则不一定表现出明显的生理障碍。网络孤独症多发生在性格内向者身上，其典型症状是：沉溺于网络、脱离现实、寡言少语、情绪抑郁、社交面狭窄、人际关系冷漠。由于个体将注意力全放在了网络上，不仅不利于自己的心理健康，还极易导致学习成绩下降，甚至影响毕业。

网络人际交往中普遍存在的人际信任危机，也有可能影响到大学生网民的现实人际交往态度，出现人际关系障碍。网络人际交往的虚幻特点，使得很多学生抱着游戏般的心态参与网上交际，不仅自己撒谎面不改色心不跳，对于他人的言行也觉得毫无信任感可言。这种网上的人际信任危机很可能迁移到他的现实人际交往中，进而影响与他人建立和发展良好的人际关系。

网络人际交往往往给人以虚假的安全感。学生认为待在门户紧闭的自家卧室里，坐在心爱的电脑前是最安全不过的了。这里既不可能被人发现，也不可能被人偷窥，更不可能受到侵犯。这种自以为是的安全感使得他们放弃了起码的戒备心，给网络犯罪以可乘之机。事实上，这个貌似安全的地方却隐藏了太多的不安全因素。不仅电子邮件随时可能被人轻而易举地偷看到，连电脑上的信息都可能被浏览或破坏。随着网络犯罪案例的增多，安全焦虑又成为笼罩在网民头上挥之不去的阴影。人们时刻担心自己的电脑被网络黑客光顾，担心自己的个人隐私被偷窥，担心电子邮件背后的病毒，担心从网上走到自己身边的"熟悉的陌生人"。

（三）微时代下高校大学生管理工作的内容更加复杂

微时代下，加强对学生的舆情引导是学生管理工作中的重要内容，而舆情引导又是一项非常复杂的工程。微时代下，信息传播出去之后，就会迅速得到关注、转发，并有可能在很短的时间内形成舆论，极易在学生群体中间造成广泛影响，甚至成为引发校园安全事件的导火索。

目前，大学生通过微博、微信、QQ等媒体平台产生的主要校园舆情言论有以下几个类型：参与国内外重大社会热点问题讨论的言论；关于学校办学形象及声誉的言论；对于学校的教学教改、管理服务、基础设施建设等相关工作的意见及建议等。

"微时代"以迅猛之势到来，面对复杂的局面，高校还应建立健全对微媒体使用的监督管理机制，积极引导校园舆论，为学校的健康、和谐、有序发展提供更好的保障。

第三章 高校大学生管理工作理念的创新

理念作为一种具有远见卓识、能够正确反映教育管理的本质和时代特征的教育管理理想,在高校学生教育管理工作中占有重要地位。因此,理念的创新工作将是高校教育管理工作成败的关键。本章分为高校大学生管理工作理念创新的重要意义、高校大学生管理工作理念创新的重点方向、高校大学生管理工作理念创新的策略三部分,主要包括应秉持以人为本的理念、应秉持契约理念等内容。

第一节 高校大学生管理工作理念创新的重要意义

第一,创新学生管理理念是新形势下做好学生管理工作的首要条件和客观要求。随着改革开放的深入和市场经济的发展,学生对各种思想、文化的接受和选择有了更广阔的空间,社会上的各种思想和价值观念必然对当代大学生产生巨大的影响,给学生管理带来新的挑战。

2004年8月,中共中央、国务院下发了《关于进一步加强和改进大学生思想政治教育的意见》,2005年教育部颁发了新的《普通高等学校学生管理规定》……这些文件和规定都对高校大学生管理工作提出了新的要求。但是,有些高校还存在着许多不适应之处,突出表现在许多教育管理人员仍沿袭传统的单一模式和思维习惯,以及原有的以学校和教师为中心、忽视学生主体性的管理模式,使学生管理工作面临新的困难。因此,极有必要对高校大学生管理工作理念进行创新。

第二,创新学生管理理念是高校实施素质教育的内在要求。1999年6月,中共中央、国务院下发了《关于深化教育改革全面推进素质教育的决定》,素质教育成为占据主流地位的教育观。

与传统教育相比,素质教育是一种新的教育理念,其目的是促进学生内在的本质能力的发展,从根本上讲,就是要积极创造条件让学生的个性和综合素质能够充分、自由、全面、主动、和谐地发展。

素质教育的提出使学生管理面临着新的机遇和挑战，突出表现在如何化解学生个性发展需要与社会发展需要之间、一致性与多样性之间的矛盾上。这两对矛盾化解好了，将会极大地提高学生的综合素质，使学生管理适应社会经济发展的需要；反之，学生管理则会因无法适应社会，而降低效能。

第三，创新学生管理理念是新形势下做好学生管理工作的逻辑起点和必要前提。当前的高等教育已由精英教育发展为大众教育，同样，学生管理要由共性管理向个性管理转化，要将"以人为本"的思想渗透到学生管理中去。

在新的历史条件下，大学生的思想和行为呈多元化发展趋势，学生的个性差异变大，原有的管理模式已无法达到预期的效果。因此，21世纪的高校学生管理首先必须对管理理念进行创新，并把这种理念创新当作高等教育大众化条件下学校管理工作的逻辑起点和必要前提。

第四，创新学生管理理念是新形势下做好学生管理工作的应有之义和关键所在。经济建设需要人才，而培养出的人才只有为社会所接纳，并转化为生产力，才能发挥作用。时代变化激发理念变化，理念变化决定时代变化。没有先进的理念，工作就缺乏正确的导向。

高校学生管理工作的现代化首先是管理理念的现代化。学生管理工作作为高校管理工作的重要组成部分，应冲破传统理念的束缚，解决好工作中的"瓶颈"问题。因此，从某种意义上说，理念是管理的基础和先导，是管理的核心和精髓，是做好管理工作的关键所在。

第二节　高校大学生管理工作理念创新的重点方向

一、应秉持"以人为本"的理念

高校学生管理工作的对象是大学生，只有公正、平等地对待每一个大学生，尊重和保护每一个大学生的权利，积极为大学生的发展创造有利的条件，高校学生管理工作才能取得良好的成效。

此外，在开展高校学生管理工作时，要想取得良好的成效，必须切实关注学生的需求、学生的属性、学生的心理、学生的情绪、学生的信念、学生的素质、学生的价值等一系列与学生有关的问题。这就决定了不论是开展高校学生管理工作，还是进行高校学生管理工作理念的创新，都必须秉持"以人为本"的管理理念。

（一）"以人为本"理念在高校学生管理工作中的重要性

首先，贯彻"以人为本"的工作理念是形势所趋。从高等教育自身的发展来看，在计划经济时代，学校代表国家为学生提供福利性质的教育，学校和学生之间是教育与被教育的关系。随着高等教育改革的不断深化，学生和国家对教育费用实行成本分担，学生由单纯地享受国家福利者变成了自身教育的投资者，学校和学生在一定程度上形成了经济学意义上的服务与被服务的关系。学生缴费上学，学校提供教育服务。高校是培养社会主义建设所需的各种人才的重要基地。可以设想，如果高校的学生管理工作不能体现"以人为本"的理念，那么社会就失去了人才上的保障。因此说在这样一种大环境下，在高等教育中贯彻"以人为本"的教育理念不仅有着充分的社会基础，也是社会形势向高等教育提出的新要求。

其次，贯彻"以人为本"的理念是学生管理工作的内在要求。有些学生管理工作者往往把学生管理工作理解为要"管住"学生，理解为通过外部强制作用规范学生的日常行为。这种工作理念严重限制了学生管理工作的开展范围和工作效果，甚至违背了学生管理工作的根本目的。过去我们过分地强调学生管理工作的行政任务，而忽视受教育者的主体价值；强调思想统一，而忽视大学生们的个性培养。思想道德素质的培养其实是一个人格创新的过程，包含着思维能力、判断能力和实践能力的训练过程，这个过程是由主体完成的，外在的因素只能起到引导、启发作用。过去有些人把学生管理工作的目的理解成要把大学生们变成思想上无差别的个体，要求学生们整齐划一，这种工作理念必然导致采取家长式的工作方式。在这种工作理念指导下的学生管理工作不仅在本质上偏离了学生管理工作的根本目的，也不能在现实的工作中适应大学生们的具体情况。因此学生管理工作必须在理念上进行转变，要充分认识到学生管理工作的目的在于提高学生的思想政治水平、价值判断能力，这就决定了学生管理工作必须获得学生们的主动参与，而只有在工作中最大限度地体现"以人为本"的工作理念，才能达到激发学生主动性的目的。

最后，学生管理工作和思想政治教育相结合是贯彻"以人为本"工作理念的必要手段。在贯彻"以人为本"的工作理念的同时，要积极推动思想教育与学生管理相结合，在使用规章制度等约束人的行为的同时，要把思想政治工作的柔性导向融入其中，把自律与他律结合起来。没有思想教育的学生管理是简单粗暴的，没有学生管理的思想教育是软弱无力的。过去我们的思想政治工作没有很好地把握和处理教育与管理的关系，使得思想政治教育失去了管理的依托，使得学生管理失去了其教育人的内涵，忽视了对大学生的主体性价值的尊重，从而削弱了思想政治工作的有效性。在新形势下，高校要坚持"立足于教育、辅之以管理、寓教育于管理"的思想政治工作原则，将教育落实到管理中，把管理上升为教育，使得两者相得益彰，互补互促，以达到塑造人、引导人、规范人的目的。

（二）高校学生管理工作中"以人为本"理念的贯彻

坚持"以人为本"理念既是高校学生管理工作的内在要求，也是高校学生管理工作创新的灵魂和核心。因此，在开展高校学生管理工作时，必须真正贯彻"以人为本"理念。具体来说，可从以下几方面着手来确保"以人为本"理念在高校学生管理工作中得到有效贯彻。

1. 不断加深对学生的认识

高校学生管理，无论是计划和任务的确定，还是内容和形式的选择，都源于对学生的认识和把握。实际上，任何个体都有其自身具体、独特、不可替代的需求，不同个体的需求在整个群体中又都不是孤立存在的，它们之间是相互联系和作用的。就高校学生管理而言，学生对自身所处管理环境的感受等，都是影响管理效果的重要因素。

离开了对这些因素的认识、洞察和把握，高校学生管理就成了无源之水、无本之木。因此，我们只有全面考虑学生的个体情况，充分重视个人需要在管理中的地位和作用，并把它们看作运动的、变化的，高校学生管理工作才能有的放矢，提高效率，收到预期的效果。

2. 要充分尊重和信任学生

"以人为本"的核心就是管理者对人的尊重和信任。尊重和信任学生，就是充分尊重学生的人格、自由、权利，尊重学生的独立性和创造性，要积极地、有意识地鼓励和引导学生自己去摸索，让学生学会学习。这里的尊重与信任，并不是在管理上对学生不理不管，而是以一种更积极认真的态度，把参与管理变为学生自身的一种需求，充分信任学生的自我管理能力、自律能力和沟通能力，以激发学生学习和生活的热情，在尊重信任学生的基础上体现严格要求。

管理者在与学生交往的过程中，应该成为学生的良师，对学生进行思想品德教育和行为准则教育，教会学生如何做人；同时还应成为学生的益友，在学习和生活上指导学生健康成长，帮助学生解决实际困难，维护学生的合法权益。这种良师与益友的关系在很多场合是交织在一起的，贯穿于学生管理工作的整个过程。

3. 要重视培养和激励学生

学生管理最重要的任务是提高人的综合素质，而人的素质是在社会实践和教育中逐步提高的。通过教育不断提高人的思想道德素质、科学文化素质和健康素质是管理工作的主要任务。因此全面提高人的素质，对学生不断进行培养和教育，就必然成为学生管理活动的一项重要内容。

在人员安排上，可实行辅导员助理制，在高年级培养选拔一批专业基础扎实、富有责任心的学生作为低年级学生的辅导老师，培养他们成为低年级学生学习上的指导者、生活上的辅导者、思想上的引路者、人生中的影响者，使之在实践中不断充实自己、提高自己、丰富自己、完善自己。

在管理学生的过程中，灵活多样地运用各种适当的激励方式尤为重要。美国著名心理学家马斯洛认为，人是自然人与社会人的混合体，作为自然人他们有生理的需要、安全的需要，作为社会人他们有社交的需要、尊重的需要和自我实现的需要。

还可通过采取适当的激励措施来满足学生各种不同层次的需要，要根据不同的情况、不同的对象采取不同的激励方式，尤其要注意满足学生作为社会人的社交、尊重和自我实现方面的需要。通过构建激励机制，努力去满足学生不同层次的需求。

4. 营造"以人为本"的校园文化环境

环境是人们赖以生存和发展的自然条件和社会条件的总和。校园文化环境是指与校园文化的形成与发展密切相关的外部条件。校园文化环境包括校园的物质环境和校园的精神环境两部分。校园的物质环境主要是指校容，如建筑物的布局、室外的绿化、室内的装饰等。校园的精神环境主要是指学校的传统习俗、校风等。

人的发展及才能的养成，是遗传、教育、环境共同作用的结果。人不仅受他们所处的环境的影响，也在不断地改变环境，这个环境又进一步地影响他人及其自身。就学校而言，这种对人的发展以及才能的养成产生影响的环境就是校园文化环境。校园文化环境对学校的教育工作及师生、员工的生活有着不可低估的作用。

开展丰富多样、多元化的学生集体活动能够培养学生崇高的理想和高尚的道德情操，能够使学生的兴趣爱好和特长得到良好的培养。在一个健全的集体中，学生的不良习惯及意识也比较容易得到纠正，因为集体的影响、优良作风对学生思想品德的形成和发展能起到巨大的促进作用。

要充分调动学生的积极性、创造性，设法激发学生的思维兴奋点，组织开展丰富多彩的集体活动，通过各项活动积极发展学生的才干及特长，使活动和教育融为一体。

5．要强化对学生的指导和服务

在开展高校学生管理工作时，只有不断强化对学生的指导和服务，才能满足学生多样化的需求。因此，强化对学生的指导和服务也是高校在开展学生管理工作时贯彻"以人为本"理念的一个重要举措。

6．要积极推进全面育人局面的形成

（1）明确全面育人的管理目标

高校的根本任务是培育德、智、体、美、劳全面发展的高素质人才。高校学生管理工作是社会管理的一个特殊领域，必须紧紧围绕教育管理目标，始终立足于人才培养，肩负育人任务。在管理中育人就是在管理过程中对管理者、被管理者的政治素质、道德品质、思想观念等形成影响，使管理趋向于全面育人。

坚持全面育人的管理目标可以保证各项工作顺利进行。管理在教学中起着桥梁的作用，管理者通过各项工作使教学效率最大化，用自己的职业操守感化服务对象，引导他们树立正确的人生观、世界观和价值观，达到育人的管理目标。

（2）高校学生管理的手段和方法应适应学生发展的需要

第一，加强网络道德建设，拓宽管理渠道。

首先，专业与非专业网络管理队伍并存。在不同年级的大学生中开展网络道德建设，这就要求高校合理构建多支网络管理队伍，时刻了解学生动态，以适应大学生的发展要求。这支管理队伍要有专业的技术能力，拥有较高的政治觉悟，对大政方针具有较强的领悟能力。

管理者应通过网络了解社会道德现状，制订有针对性的符合高校现状的制度，同时也要注意网络的发展，对网络有全面的把握，做到管理与科技与时俱进。非专业的网络管理队伍分布在高校各个阶层，包括二级院领导、辅导员、学生团体组织等。

非专业的管理者应自觉扮演网络道德宣传员的角色，运用学生喜欢的网络形式将符合社会道德主流的思想传达出去，从而提高学生的道德素质，拓宽学生管理途径，提高高校学生管理工作的效率。

其次，对网络环境进行监控。高校管理者必须综合运用管理手段、技术手段加强对网络信息的监管。大学生还处于青年阶段，自律能力较弱，管理者在加强教育管理的同时，还要积极建立网络防御体系，对网上的不良信息进行筛选，对不良网站进行封杀，斩断不良信息在校园中的传播路径，净化网络环境，为学生的道德发展创造一个和谐、安全、稳定的空间。

第二，优化高校学生管理工作的职能设置。

高校管理部门通过对管理职能的优化重组，不仅能达到减少冗杂部门的目的，还能达到职能简化的效果。在高校中进行职能设置不仅要考虑到部门设置的合理性，还要考虑部门的专业性和学生的需求。在进行部门设置时，按照教学、科研、人事、后勤、行政等分类管理，避免权责不清的现象，这对于构建服务型管理模式、提高服务水平具有重大意义。在管理者的聘任方面，将竞争机制引入其中，将专业素质、管理经验、道德品质等因素作为考核条件，让每位管理者都能找到合适的位置。而在管理者履行职能的过程中，奖惩机制必须得到充分重视，对于表现突出的管理者按照一定标准给予奖励，讲求适度原则。

（3）加强对管理过程的控制

第一，管理过程中要做到科学管理与人文管理相结合。科学管理是指以管理工作为核心，通过严密的规章制度、严格的奖惩机制等达到理性管理的目的。人文管理则重在启发教育，它以尊重人的个性发展为前提，同时尊重人格。高校学生管理工作要综合运用科学管理与人文管理两种手段，一刚一柔密切配合，达到本质上的统一。

第二，进行道德评价体系建设。道德评价体系建设必须遵循正确的指导方针，以马列主义、毛泽东思想、邓小平理论及"三个代表"重要思想为指导，全面贯彻落实科学发展观和习近平新时代中国特色社会主义思想，不断解放思想、实事求是、与时俱进。道德评价体系要量化标准，让评价双方都清楚哪些内容被纳入了考量的机制当中。

对管理者进行道德评价，应由自评、学生评价、同事评价和领导评价等构成，彰显管理者从他律到自律的转变。道德评价就是要塑造管理者的道德良心，增强管理者的行为认知能力。在管理部门中也应设置专门的评价机构，建立道德档案。建立严格的评价制度是培养高素质管理者的重要环节，就是要通过一系列手段使道德建设走向自觉，让道德内化成管理者的优良品质，在管理过程中以身作则，给学生传播正能量，起到教化学生的作用。

二、应秉持契约理念

（一）在高校学生管理工作中引入契约理念的必要性

在我国，随着高等教育大众化时代的来临，传统的凭借高校权威实施学生管理的模式已不适应我国高等教育的发展。高等教育收费制度以及现代民主法治社会的建立，使高校与学生的关系发生了质的变化。学生开始缴费上学，虽然学生所缴纳的学费并不足以抵消生均培养成本，但这已使高等学校与学生的关系由过去单一的纵向行政关系转变为包括花钱购买教育服务的消费关系在内的多重法律关系。学生的权利被强调和重视，学生已成为教育法律关系中独立的重要主体，这些都要求高校对学生的管理方式也发生相应的变革。基于高校与学生法律关系性质上的分化，契约式管理也应采取不同的形式，并严格遵守不同形式契约的原则。

在校方提供教育服务和生活服务的过程中，高校与学生之间存在平等的民事法律关系。比如，高校与学生之间存在一定的民事合同关系。学生的报考和高校的招录，相当于合同缔结中的要约与承诺；学生入学，要向校方缴纳学费，作为回报，校方应提供一定质量的教育和生活服务。在学生付费、学校及其内部机构提供服务的领域，学校与学生地位平等，若有违约则必须承担法律责任。另外，学校的内部事务管理不能侵犯学生的财产或人身权利。学生身份的消费者性质要求高校，特别是公立高校作为教育公共部门，要提供相应的公共服务及物质条件，其中包括承诺的教育水准、足够的教学设备、良好的学习与生活条件等。在高校提供的生活服务领域，高校不应以管理者的姿态侵犯学生作为消费者的权利。

从同为民事主体的角度来看，学校和学生之间应该是一种平等的关系，双方都对对方既有权利又有义务。学校在拥有对学生的管理权的同时，学生也拥有维护自己权益的权利。学校不再拥有绝对的权威，学生也不再是完全的被管理者，二者之间具有平等的地位。目前，很多高校已开始使用与学生订立合同的方式实施学生的宿舍管理、餐饮管理、网络使用管理、付费使用的校园资源管理等。然而，从大部分高校与学生签订的合同内容看，所谓的民事性质的合同大多流于形式。存在的问题主要是高校与学生签订的民事合同并未体现主体双方地位的平等，学生缺乏可选择性权利，仅规定了学生的义务，缺乏学校的义务性规定，高校与学生权利与义务的规定严重不对等；仅规定学生的违约责任，缺乏学校未提供合同承诺的服务的违约责任；合同的制订缺乏学生的参与，仅仅是学校职能部门意志的体现。

高校与学生行政契约关系的建立，使学生可以真正参与到高校事务中来，体现了学生的主体地位，不仅可以减少潜在冲突的发生，而且可以改善高校与学生的关系，有利于建立彼此合作、相互依赖相互尊重、平等对话的良性互动关系。契约的应用与缔结，使高校与学生在契约的维持下保持持续、稳定的协作关系，有利于学校秩序的稳固化。

（二）在高校学生管理工作中贯彻契约理念的基本要求

高校与学生之间契约的本质，既是高校用来维护教育教学秩序的手段，又是学生对高校权力进行限制的方式，这对高校以及高校学生管理工作者提出了新的要求。

1. 要求高校平等对待学生

把契约的平等精神引入教育行政领域，让学生在与学校具有平等地位的前提下商议教育行政目标的达成，使教育行政减少不平等与特权性的因素。契约的基础是双方主体地位平等，契约的形成过程是民主的过程，契约充分体现了民主的本质与特性。现代行政本质上以民主宪政为基础，强调公民权利、人格尊严、社会公正与社会责任，重视公民的参与，充分体现了契约精神。现代教育行政在法律授权的前提下，具有裁量性、能动性，在学生管理中引入契约理念，不仅与依法行政具有相容性，而且可以凭借契约手段灵活应对学生管理中出现的复杂、动态和难以预见的问题。

2. 要求高校尊重相对人的意志

把契约的自治精神引入教育行政，使学生有选择的权利，进行商议的过程也是其利益权衡的过程。选择是契约精神的应有之义，通过选择建立沟通渠道，这也是行政契约最突出的优点和功能。在行政法学中，我国学者对契约能否在行政权力的行使过程中予以运用或许会有不同看法，但对行政契约的存在、行政契约的特征以及行政契约的基本类型等问题的观点大体一致。因此，考虑到教育行政的民主参与、教育行政方式的多样化和教育行政的目的等因素，应允许在高校学生管理工作中出现"讨价还价"和"议价行政"的现象。

3. 要求高校重视学生的权利

在行政契约中同样有相对人——学生的权利。行政契约能使高校更加尊重学生权利，同时学生权利的实现又能制约高校的权力。考虑到高校权力制约的需要以及高校与学生之间的行政契约关系的特殊性，在高校与学生之间的行政契约的缔结过程中，应有以下几个方面的限制。一是职权限制。高校必须在法律赋予的职权范围内缔结行政契约，不得越权行政。二是法律限制。高校缔结行政契约不得与法律法规的规定相抵触。三是内容限制。行政契约的目标是实现公共利益，因而行政契约的内容不得违反社会公益。高校由于在行政契约的缔结中处于优势地位，可能会出现滥用职权、违法行政的情形，如高校的行政契约与其行政命令同构化，强制学生与其缔结行政契约，违反应有的合意；高校滥用选择权，"暗箱操作"，损害学生利益或国家利益，因此，必须限制行政契约的内容和目的。

在高校学生管理中强调契约精神，重视契约观念、契约手段以及契约制度，并不意味着完全以契约取代权力。高校的学生管理权力在教育法中仍然存在并发挥着应有的作用。由于契约意味着平等、诚信、公正等，因而契约在高校学生管理工作中的引入，可以提高工作水准。

三、应秉持开放理念

（一）在高校学生管理工作中贯彻开放理念的重要意义

在高校学生管理工作中贯彻开放理念有着十分重要的意义，具体表现在以下几个方面。

1. 开放理念是加强和改进高校学生管理工作的本质要求

在高等教育的发展过程中，必须处理好教育的规范性与开放性相结合的问题。教育的规范性通过制度、习惯、氛围等来体现，教育的开放性则表现为教师与学生、学校与社会、有形教育与无形教育的互动，实现的途径就是以开放的理念推进学生教育管理的开放，使高等教育成为终身教育体系的一个重要环节，成为学习型社会建构中的一个重要园地，成为与家庭教育、自我教育、社会教育相贯通的一个重要枢纽，成为学生社会化过程中的一个重要阶段。因此，要想开展好高校学生管理工作，必须要坚持开放理念。

2. 开放理念是加强和改进高校学生管理工作的源动力

在高校学生管理工作中坚持开放的理念，可以使高校学生管理工作的视野由窄变宽、动力由小变大、要求由低变高、措施由软变硬、导向由虚变实等。如此一来，高校学生管理工作便能实现"三力"合一，即国家的意志力、学校的执行力、学生的内驱力在理念层面实现有机统一，使学校的发展目标与国家的战略需求相同步，学校的教育教学要求与学校的发展目标相协调，学生的教育管理举措与学校的教育要求相匹配。

3. 开放理念是加强和改进高校学生管理工作的重要保证

开放的高校学生管理工作具有以下三个特点。

一是自觉性。高校学生管理工作的加强和改进是一个不断求真、崇善、尚美的过程。求真就是合规律，高校学生管理既要合教育内部的规律，还要合教育外部的规律，否则就会事倍功半。崇善就是合目的，高校学生管理要全面体现党的教育方针，做到让党放心、让人民满意、让学生喜欢。尚美就是合形式，高校学生管理要在构建社会主义和谐校园中做出更大贡献。

二是自律性。开放的高校学生管理工作是对传统循规蹈矩、就事论事的工作方式的超越。开放不是放手不管，更不是放任自流，而是用开放的理念统揽全局，用开放的心态包容多样，用开放的举措推动工作。

三是自为性。开放的高校学生管理工作有利于争取更多更好的教育资源，有利于营造良好的环境氛围，有利于促进管理者素质的提高。

（二）在高校学生管理工作中贯彻开放理念的举措

在高校学生管理工作中，要切实贯彻开放的管理理念，可以采取以下两个有效的举措。

1.要牢牢把握高校学生管理工作开放的方向性

牢牢把握高校学生管理工作开放的方向性，需从以下几方面着手。

第一，在开展高校学生管理工作时，要坚持用马列主义、毛泽东思想、邓小平理论、"三个代表"重要思想、科学发展观、习近平新时代中国特色社会主义思想等马克思主义中国化的成果武装学生头脑、指导学生实践、推动学生工作，牢牢把握学生管理工作的指导权、主动权、话语权。

第二，在开展高校学生管理工作时，要牢固树立中国特色社会主义共同理想，引导学生自觉在党的领导下，走中国特色社会主义道路，为建设民主、富强、文明、和谐的社会主义国家而努力奋斗。

第三，在开展高校学生管理工作时，要大力弘扬民族精神和时代精神，以促使大学生始终保持昂扬向上的精神状态。

第四，在开展高校学生管理工作时，要积极促进社会主义道德体系在大学生的心中扎根。

2.要注意增强高校学生管理工作开放的针对性

增强高校学生管理工作开放的针对性指的是在开展高校学生管理工作时，要切实从学生最关心的问题入手，具体内容如下。

第一，要引导学生学会学习，变"学会"为"会学"。学生要不断更新学习观念，变革学习方式，创新学习手段，提高学习效率。

第二，要引导学生学会自强，变"助我"为"我助"。高校应进一步落实助学贷款政策，设立助学奖学金，建立与就业相结合的奖学金制度。

第三，要引导学生学会创业，变"就业"为"创业"。高校应把培养学生的创新精神、创业本领、实践能力放在重要位置，改革教学内容和课程体系；完善、鼓励和支持高校毕业生创业的制度，提供优惠条件，加强对创业活动的指导和管理。

开放的高校学生管理工作必须坚持教书与育人相结合、政治理论教育与社会实践相结合、解决思想问题与解决实际问题相结合、继承优良传统与改进创新相结合。就管理而言，还应坚持从严管理和科学管理、民主管理和依法管理相结合。

四、应秉持系统化的理念

高校学生管理工作涉及的内容、人员等都很多，这就决定了高校学生管理工作是一项系统性的工作。因此，在进行高校学生管理工作时，必须要重视系统化管理理念的运用。具体来说，在高校学生管理工作中贯彻这一理念应切实从以下几个方面着手。

第一，高校要切实从整体上构建学生管理的系统模型和综合模块，把学生管理工作作为一个集学习机制、竞争机制、奖惩机制、决策机制、评估机制和反馈机制于一体的动态过程。

第二，高校要引导全校教职员工认识到学生管理工作不仅仅是专门管理者的责任，自己也必须承担起管理学生的责任。也就是说，高校必须始终坚持依靠广大教职工及学生政工干部开展学生管理工作。

五、应秉持精细化的理念

高校学生管理工作是一项极为复杂的工作，因此在进行高校学生管理工作时，必须要重视精细化管理理念的运用。这里所说的"精细化管理"是必须将管理覆盖到每一个过程，具体到每一个动作，落实到每一个人员。

精细化管理起源于日本，是一种企业管理的理念。它主张科学化管理，最大限度地减少管理所占用的资源并降低管理成本。这一思想已经广泛应用于很多管理学的领域。它在常规管理的基础上，更加强调管理内容的细节化和精细化。

在提升组织整体执行能力的过程中，精细化管理是一项十分重要的手段，其实质就是将任务具体化和精细化，它是一种对战略和目标分解细化并落实的过程。在精细化管理中，组织的战略规划被贯彻落实到了管理过程中的每一个细微的环节，并且让每个环节都发挥作用。

精细化管理是高校学生管理工作的新理念。精细化意味着精益求精。具体来说，就是能够了解每一名学生的状态，激发每位学生的潜能，使每位学生都能够找到适合自己发展的道路。

要做到这一点非常不容易，因为高校学生的特点之一就是具有多样性。要做到精细化管理，就需要在培养大学生的所有环节中都做到细致入微，这需要全员的参与，包括学生管理工作者和任课教师。

六、应秉持自主化的理念

在进行高校学生管理工作时，要注意运用自主化管理理念。这里所说的自主化管理，就是在开展高校学生管理工作时，高校学生管理者要积极与专业教师配合，引导学生进行自我教育、自我管理、自我服务。具体来说，要切实从以下几个方面着手来促进自主化管理理念在高校学生管理工作中的有效运用。

第一，在开展高校学生管理工作时，要切实关注学生的发展，积极营造一种宽松和谐的民主氛围，调动学生的主动性、积极性和创造性，培养学生的创新精神和实践能力。

第二，在开展高校学生管理工作时，要充分发挥社团组织和学生党支部的作用，丰富学生课余生活，拓宽他们的知识面。

第三，在开展高校学生管理工作时，要充分发挥学生干部和学生党员的先锋模范作用，让他们自觉地加入学生的管理工作中来，成为重大问题的参与者、决策者，从而在参与管理的过程中尝试管理，学会管理，懂得管理。

第四，在开展高校学生管理工作时，要充分发挥学生的主人翁精神，突出学生的教育主体意识，实现学生干部队伍自我管理制度化。

七、应秉持全面服务的理念

要想提高学生管理工作水平，需要管理者努力做好教育和管理的结合工作，努力做到教育中有管理、管理中有服务、在服务中使广大学生接受教育。因此，管理者要树立全面服务的理念，在管理工作中把教育、管理、服务三者有机地结合起来，开创高校学生管理工作的新局面，实现高校学生管理工作的转变，为大学生的全面发展和成长成才创造有利条件。

在学生管理工作中秉持全面服务的理念，应该做好以下几个方面的工作。

第一，管理者要不断为学生提供学习方面的服务，为学生创造良好的学习环境，坚持教学这个中心地位不动摇，各项活动让位和服务于学生的课堂学习活动，实现学生的全面发展。

第二，管理者要积极地为学生提供各种生活服务，努力改善学生的生活环境，开展丰富多彩的寝室文化节，为学生提供良好的校园文化环境。

第三，管理者要为弱势学生群体提供切实有效的帮助，弱势学生群体主要包括贫困学生和有心理疾病的学生，对于前者，应该通过助学贷款、奖助学金和勤工俭学等途径帮助其解决生活上的困难；对于后者，应该做好心理咨询和心理疏导工作，防止极端情况的发生。

第四，管理者要为学生提供全方位的就业服务，在入学之初，对学生进行职业生涯规划教育，帮助其规划大学四年的学习生活；在毕业前夕，对学生进行就业指导教育，帮助其树立正确合理的就业观念，加强对毕业生求职准备、劳动力市场分析、简历制作和面试技巧等方面的指导和帮扶工作。

总而言之，树立全方位服务的理念就是要求教育工作者全面把握大学生在学习、生活中的合理需要，实现人性化高校管理工作方式。这也是当今高校学生管理工作的现实选择。

八、应秉持现代管理的理念

"没有规矩，不成方圆"，没有树立良好的管理理念，没有严格的纪律和规章制度，就不会有良好的教育效果。管理思想研究人的行为规律、人的主观能动性、人的本性、人的欲望和人的需要以及奖励和惩罚问题，这些研究能够有效地更新学生管理工作的内容和方法。也就是说，要管理好学生，就要做好学生的思想工作，充分调动和发挥学生的主观能动性和主人翁精神，灵活地将管理思想融入到实际工作中去。

没有了管理思想，思想政治教育工作就会变得软弱乏力，没有了思想政治教育，学生对纪律和制度的遵守，就是被动的、不自觉的、消极的。就目前高校的管理情况来说，还存在着思想政治教育与管理相脱节的现象，主要原因在于：管理者没有全面地认识管理工作，导致偏重"管"而忽略"理"。

"管"主要是就制度、体制、办法和措施而言，"理"主要是就疏导、说服、沟通和激励而言，正确的做法是能够将"管"与"理"两者合二为一，寓思想政治教育于管理中，管理中辅之以思想政治教育。只有这样，才能发挥出思想政治教育与管理相结合应有的作用，才能充分调动管理者和学生的积极性。

九、应秉持勇于创新的理念

每一个教师都要爱护和培养学生的好奇心、求知欲，帮助学生自主学习、独立思考，保护学生的探索精神、创新思维，营造崇尚真知、追求真理的氛围，为学生的天赋和潜能的充分开发创造一种宽松的环境。

高校学生管理工作能否得到加强和取得实效，关键就在于管理内容能否体现创新性，教育手段能否把握住当代大学生的思想脉搏，高校学生管理工作因此更应秉持勇于创新的理念。

就大学生个体而言，他们都是鲜活的具有个性的个体，他们都拥有实现自身自由全面发展的权利。而在现实的学生管理工作中，管理者经常因为针对性不强，抹杀了学生本性中的创造性潜能，使得学生管理工作失去应有的生机和活力。因此，在高校学生管理工作中，我们必须提倡勇于创新的精神，必须把学生作为教育和管理活动的主体，在教育和管理工作中注重培养学生的独立性、自主性和创造性。

要培养大学生的这些个性，管理者就要努力做好以下几方面的工作。一是管理者要在工作的一系列环节中注重培养和强化学生的创新意识，积极鼓励学生提出自己的独到见解和思想；二是管理者要为学生的发展创造宽松的环境。所谓的宽松，就是管理者要尽量减少对学生各种创造性活动的干扰和干涉，尽量不用陈规陋俗对学生进行干扰，减少对学生的强制性管理，只对学生提供一些指导性的建议和意见，要鼓励学生发挥自己的聪明才智。同时，还要勇于为学生的一切创新活动承担必要的责任，并为创新性活动提供强有力的外力支持。

十、应秉持教育、管理、服务一体化的理念

现代社会中"学生"已经成为综合性的社会角色，它包含着"学习者""消费者""创造者"等内涵。学习者是指学生需要学习更多更广泛的知识。消费者包括两层含义：第一层是交费上学的学生有更大的愿望——参与学校的建设和管理；第二层是学生已经被商家视作重要的市场对象。创造者是指学生能够利用当前丰富的信息等各种资源创造出各种财富。在市场经济条件下，高等学校应重视培养学生的创新和适应能力，自觉地把教育、管理、服务有机地结合起来，开创学生管理工作的新局面。

（一）教育、管理、服务一体化理念的重要性

1. 教育是学生管理工作的关键

高校要在教育工作的针对性、实效性上下功夫，在帮助学生认识重大社会问题上下功夫，引导学生用科学的理论和正确的思想认识党在新形势下的历史使命和奋斗目标。

2. 管理是学生管理工作的基础

高等学校连续多年的扩招，使学校规模急剧扩大，学生管理工作面临着许多新的问题。作为学生管理工作者一定要牢固树立"从严管理"的理念，严格执行各项规章制度。为保证学校管理体制改革顺利进行，可以通过制订规章制度，把学生管理工作的重心下移，对全校的学生管理工作的责、权、利进行重新划分，使学生管理工作形成新的局面。

3. 服务是学生管理工作的依托

良好的服务，有利于教育和管理工作取得实效。在服务工作中，要始终抓住为广大学生成长成才服务这条主线不放松。经济压力是部分学生在成才过程中遇到的突出难题，面对经济困难学生不断增多的现实，学校应当采取多种渠道逐步建立资助贫困生的奖、贷、助、补、减等各种措施，确保"绿色通道"畅通。就业压力是学生需要面对的另一个难题，目前正处于扩招后的就业高峰时期。在就业形势越来越严峻的情况下，高校应努力开拓就业市场，广泛联系用人单位，全方位收集用人信息，加强就业网站建设，及时向毕业生公布就业信息。总之，以服务为依托，以教育为手段，把管理引向人性化，是新形势下三者相结合的最佳选择。

（二）教育、管理、服务一体化理念的创新

1. 教育理念创新

2000年2月1日，江泽民在《关于教育问题的谈话》中指出：教育是一个系统工程，要不断提高教育质量和教育水平，不仅要加强对学生的文化知识教育，而且要切实加强对学生的思想政治教育、品德教育、纪律教育、法制教育。这就对教育的内涵进行了比较全面的界定，即要进行以创新教育为核心、思想政治教育为基础的全面成才教育。教育的方法要从说教式、灌输式向启发式、引导式转变，变学生被动接受为主动获取。

2. 管理理念创新

高校学生管理工作要从传统的以手中的权力去管理的模式中走出来，注重"导向管理"，从被动式、强迫式的管理变为主动式、民主式的管理，从以管理为主的工作模式走向以教育、服务为主的工作模式。

3. 服务理念创新

高校学生管理工作要从管理型的工作模式走向教育型、服务型的工作模式，要为学生的成长成才创造各种有利条件，优化校园环境，最大限度地激发学生全

面成才的内在动力。服务的内容要把握学生在学习、生活中的不同层次、不同方面的合理需要；服务方式要在引进社区管理方式的同时，实现服务最优化。学生不仅是受教育者，也是教育投资者和消费者，高校要为学生提供各种生活服务，改善生活环境，对学生社区进行物业化管理，健全社区功能，构筑集文化、休闲、娱乐、购物、健身为一体的文化社区；提供勤工助学服务，帮助困难学生顺利完成学业；提供学习服务，指导学生考研、出国、创业；提供就业服务，健全信息网络，加强技术等各方面的指导。

十一、应秉持时代性、科学性、层次性相结合的理念

随着我国高等教育改革的深入，学校与学生之间的主客体地位发生了一定程度的变化，学生作为消费者出现在大学校园里，学生管理工作的理念、模式、方法等都应随之发生改变。时代性、科学性、层次性相结合的学生管理工作理念，是高校学生管理工作与时俱进的体现。秉持时代性、科学性、层次性相结合的理念，就是要树立与时俱进的发展理念、依法治校的管理理念和实事求是的实践理念，就是要在学生管理体制上有所创新和发展。

（一）时代性——与时俱进的发展理念

教育作为社会大系统中不可或缺的一个子系统，在发展过程中必须跟上社会发展的步伐。

我国社会已经逐步实现了由计划经济向市场经济的转化，随之而来的是社会各个方面深刻的革新和变化，高校学生管理工作面临的形势在不断变化，社会环境、教育目标、办学规模、学生特性等与过去相比，也发生了翻天覆地的变化，高校学生管理工作只有适应这一转变，才能更好地满足政治、经济、文化和社会建设的需要，因此，树立与时俱进的发展理念是高校学生管理工作适应时代变革、实现又好又快发展的关键。

在信息化时代，知识的更新速度在不断加快。管理者要在管理实践中从全局出发，始终坚持与时俱进的原则，对管理工作未来的发展方向进行准确判断，总结过去、立足现在、展望未来，不断推进高校学生管理工作的创新与发展。

（二）科学性——依法治校的管理理念

随着我国法治化程度的提高，大学生的法治观念也在日益增强。在社会生活中，绝大多数大学生都已懂得自觉履行义务，同时依法维护自己的正当权利。这就要求高校学生管理工作者不断增强法治观念，提高依法管理的意识。

长期以来，社会和高校内部对高校学生管理都有一些错误认识。学生家长把子女送到学校就认为把一切责任都交给了学校，学校必须对学生的学习、生活、人身安全等各方面负责。而学校管理者也总是认为只要是学生的事，不分类型、原因都得管，采取一概"包"下来的做法，结果把学生管得很死，个性得不到张扬，责任意识得不到培养，学校的管理水平也得不到提高。

在学校与学生双方的关系上，要明确学校和学生双方的义务和责任，这样有助于学生法治观念的增强。

法治化建设的基础是制度建设，而管理制度又是学校规范化管理的依据。规章制度必须是科学合理的，必须在深入研究教育规律和学生成长规律的基础上，根据学校工作的实际需要制订。

（三）层次性——实事求是的实践理念

对于不同类型的高校，学生管理工作要分层次具体对待。研究型大学的学生管理工作，要促进学生学术意识的养成和学术氛围的营造；教学型大学的学生管理工作，要引导学生掌握丰富的理论知识，服务地方经济建设；高职高专院校的学生管理工作，要引导学生掌握实用型的专业技术和良好的实践技能。

对于高校内部来说，学生管理工作要有自上而下的层次管理。也就是"上"有"决策层"，总揽高校学生管理工作全局，把握全局性、前瞻性的大问题，坚持社会主义办学方向和育人原则；"中"有"协调层和监控层"，对学生管理工作进行指导、协调和监控；"下"有"责任层和落实层"，充分发挥基层组织的积极性。这样整个学生管理工作才能实现纵向到底、横向到边，覆盖全过程，并有效实现了重心下移。

对于不同的学生群体，学生管理工作要分层次开展。针对学习刻苦、工作积极、表现突出的学生，要积极引导他们获取更多的知识，提高能力。对那些表现不佳的学生，不能放任不管，而是要制订切实可行的方案，促使其进步。在高校学生管理工作中流行"抓两头带中间"的说法，其实这种说法有失偏颇，"带中间"在实际工作中往往就演变成"放中间"，造成处于中间的大部分学生无人管、无人问，在实际工作中应采取积极措施，引导他们向前靠，防止向后滑。这样整个学生管理工作网络就会形成一个动态、灵活、高效的"金字塔"形体系。

第三节 高校大学生管理工作理念创新的策略

一、加强高校学生管理者队伍建设

如今的高校学生管理理念体现出管理的自主性、民主性、灵活性和发展性等特征，这对管理者提出了更高的要求。因此，必须重视提高管理者的素质，积极建设一支高水平的高校学生管理者队伍。努力建设一支高效、精干、稳定、专业的高校学生管理者队伍，既是做好高校学生管理工作的关键，也是实现高校学生管理工作理念创新的根本。具体来说，可从以下两方面着手来进行高素质、高水平的高校学生管理者队伍的建设。

（一）从高校方面着手进行建设

进行高素质、高水平的高校学生管理者队伍建设时，从高校方面来说，必须做好以下几方面的工作。

第一，按照要求认真做好建设规划，做到与师资队伍和其他管理人员队伍的建设统一规划、统一实施。

第二，明确条件、坚持标准，切实做好人员选配工作。

第三，周密计划、遵守原则，扎实推进人员培训工作。

第四，提出目标、严格要求，不断增强高校学生管理者的责任感。

第五，领导和有关部门要对高校学生管理者思想上重视、工作上支持、生活上关心、政治上爱护，使高校学生管理者都能够随着形势的发展和工作的进行不断提高素质和水平，以满足事业发展的需要。

（二）从高校学生管理者方面着手进行建设

进行高素质、高水平的高校学生管理者队伍建设时，从高校学生管理者方面来说，必须做好以下几方面的工作。

第一，高校学生管理者要不断提高自身修养，明确自身的职责，增强责任观念。

第二，高校学生管理者要具备较高的政治素养、合理的知识结构和较强的能力，并注意通过不断地学习来完善自己的形象。

第三，高校学生管理者要坚持真理、忠于职守、为人师表、以身作则、办事公正、任劳任怨。

第四，高校学生管理者要树立服务意识，努力学习，积极实践，深入思考，大胆创新，不断探索新形势下学生管理工作的新路子、新方法，不断总结适应新形势、新情况下的学生管理工作的新经验、新成果。

第五，高校学生管理者要具备牢固的共产主义人生观，以便在工作中引导学生正确对待人生。

第六，高校学生管理者要具备创新观念，以培养出广受社会欢迎的高素质创新人才。

二、积极创新高校学生管理工作的方法

在经济全球化的背景下，传统的学生管理方法面临着严峻的挑战。

目前我国高校学生管理者队伍中普遍存在着工作观念滞后、思路狭窄、方法落后等问题，跟不上时代发展的需要。学生管理工作者要善于运用现代管理方法和信息手段，创造适合学生发展规律的、切合学生身心特点的工作方法，使学生管理工作更富实效性和感染力；要经常深入学生的学习和生活，重点关注学生中的特殊群体，使学生管理工作更富说服力和艺术性；要定期进行学生状况的调查分析，为政策制订和方法研究提供可靠依据和参考资料，及时总结新做法，推广新经验，使学生管理工作更富影响力和创新性。

首先，应借鉴相关学科的知识和经验，拓宽学生管理工作的研究视野。在继承党的思想政治工作优良传统的基础上，借鉴和吸收相关学科的研究成果和方法，是拓宽研究视野，深化理论认识，从而不断开创新形势下学生管理工作新局面的途径之一。更值得关注的是，目前的学生管理研究已不再局限于社会科学的借鉴，而开始关注自然科学系统论或生态学视野下的学生管理，尽管这一探索还有待一定时日的实践来检验，但这种理论探索的精神还是值得我们学习的。

其次，应注重以实证研究的方法检验学生管理理论的科学性。传统的学生管理研究方法主要是采用以思辨为基础的理论研究和逻辑研究。广泛地使用实证研究方法是对学生管理研究的有益补充。实证研究就是根据现有的材料进行统计、分析、实验，通过量化的、精确的测试得出结论，其中包括编制调查问卷、量化模型数量分析、矩阵概率数学方法等，以此客观真实地了解和反映大学生的思想现状与特点，坚持定性与定量方法相结合，真正实现学生管理决策的科学化。

最后，应关注国外高校学生管理的新方法，通过比较研究借鉴其中有益的成分。学生管理必须与时代主题紧密结合，大胆吸收人类文明中的先进、有益成分。通过了解国外学生管理的历史、现状和发展趋势，比较、鉴别、融合，推动我国学生管理学科的发展。例如美国的学生管理模式具有隐蔽性、渗透性，注重道德实践，注重理论的科学性和可操作性等特点，我们可借鉴其中的合理成分，为我们改革和创新学生管理工作提供新的思路和视角。

第四章　高校大学生管理工作模式的创新

高校学生管理工作需要遵循一定的工作模式来保证实施，模式一旦确定就应该全面执行。随着我国教育体制改革的深入，我国原有的高校学生管理模式根据现实需要也做出了相应的修改和完善。本章分为高校大学生管理工作模式创新的必要性、高校大学生管理工作模式创新的基本原则、高校大学生管理工作模式创新的策略三部分，主要包括传统管理模式对高校学生管理工作的消极影响、新型管理模式对高校学生管理工作的积极作用等内容。

第一节　高校大学生管理工作模式创新的必要性

一、传统管理模式的消极影响

总体而言，自中国有高等教育以来，传统的高校学生管理模式就是典型的行政型管理模式。特别是新中国成立后，国家对教育实行高度集中统一的计划管理，教育计划与国民经济建设计划紧密相连；学生就学全部免费，工作由国家分配；高校学生管理工作的通常做法就是从学校的条条框框出发，要求学生去适应各种各样的规章制度和教育管理方式，各项计划和管理比较容易脱离学生实际。

在传统的学生管理模式下，把所有学生当作一个整体，实行标准化、统一化的管理，抹杀了学生的个性。受此影响，传统的教育模式习惯于让学生处于被动、从属地位，把学生仅仅当作受教育者，这显然不利于创新人才的培养。在传统的学生管理模式下，学生的培养呈现出以下特点。

第一，重知识轻能力。传统教育模式忽视学生能力的培养，对学生的教育评价缺乏科学性，使分数成为衡量学生的根本标准。

第二，重智育轻德育。传统教育模式过分地把学生的智力发展放在优先位置，甚至不惜降低对学生其他方面的要求，导致学生的发展不均衡、不全面。

第三，重共性轻个性。传统教育模式对学生实行"规模化""批量化"培养，使许多学生的学习潜力得不到深入挖掘，同时又使许多学生受到强制性淘汰，得不到最适合自身的教育。

第四，重过程轻结果。传统教育对同一年龄段的学生实行统一入学、统一毕业的"工厂化"教育模式，过分注重程序与步骤的统一，忽视了学生个体差异对学习成绩和教育效果的影响，不能做到因材施教、因类施教。

第五，重灌输轻引导。传统学生观认为教师和学生之间是管理者与被管理者的关系，学生被要求无条件地接受学校的教育管理，学生的学习自主权得不到尊重。与此同时，学校在对学生的管理过程中，对一些日常性的事务管得过多，但对于学习方法、就业择业观念等缺乏必要的引导。

基于上述人才培养特点可以发现，传统管理模式虽然在保障学生安全、管理执行力度、辅导员与学生紧密度等方面有利于开展全面教育和促进学校的稳定发展，但是从学生的需求角度和实践角度看，都存在一定的问题和弊端，这无疑对高校学生管理工作产生了消极影响。具体来讲，传统管理模式存在的问题主要表现在以下几方面。

第一，高校与学生之间的关系定位为特别权力关系，在这种管理和服从关系模式下，学生成为师生关系中被动接受知识传授和管理的一方。在计划经济体制之下，学校是直接依据国家计划来办学的，学生从踏进大学校门起就被限定在一个固定的专业之中，直至毕业。除了按部就班地掌握本专业已经为他设定好的学习内容外，很少有机会按照个人的意愿和特点去自主学习。

第二，过于强调外在规范管制，对学生自我约束的引导不足。目前，多数大学的校、院（系）、班三级学生管理的工作重心是用严格的校纪校规来规范、约束学生的行为，以一种管束学生的强制性态度和检查、监督的方式对待学生，忽略了培养学生的自我管理意识和自我约束能力。在这种管理方式下，学生缺乏参与管理的积极性和进行自我管理的主动性，那些外在的各种社会规范，不仅很难内化为他们的自觉要求，而且容易引发学生与管理者的冲突，影响师生关系的和谐，并使管理工作的效率大打折扣。

第三，陈旧的管理组织结构严重制约了学生管理工作的开展，传统的管理方法显得十分烦琐，使学生管理工作的效率大大降低。在我国高校实行多年的以行政约束为主导的学生事务运行机制，虽然近些年有了调整，但从根本上说，其管理模式仍然体现为一种科层制的管理。

目前，我国高校学生管理工作缺乏高效、规范的管理机制，主要因为管理机构为三级管理模式，上至校级分管领导、中至校级学生部（处）各个职能部门、下至院（系），学生处于最底层，这就容易形成多头多层管制、相互推诿、资源浪费和效率低下的弊病，而且各部门之间、部门与院（系）之间不能形成合力，横向信息沟通不畅，易造成工作的重复和遗漏。除了沟通不够，无形中还给学生和学生事务工作者增加了业务负担，让学生对学生事务工作和学生事务工作者产生认知偏差，这样不利于实现有效的服务和促进学生的发展。

另外，学生事务的处理和管理混在一起，而校级部门和院（系）都具有服务和管理职能，且工作职责和内容混淆不清，使得管理部门将很多的精力和人力放在了处理繁杂的学生事务上，而在有效管理方面投入的力量非常有限。

此外，由于目前我国高校实行学生事务垂直式的管理模式，最终工作任务的落实便落在基层辅导员身上。辅导员要听从来自学校各部门、学生部（处）各职能部门以及自己所处院（系）各方面的指挥并执行他们下达的任务，他们只能整天埋头处理日常事务以及完成各项指标，没有进修学习、进行自我发展以及思考创新的时间和空间，也没有精力专门对学生进行有效的思想政治教育，无法满足学生在职业规划、就业指导、心理咨询等方面的需求。

长此以往，辅导员整体的工作水平停滞不前、工作效率难以提高，无法实现服务学生、教育学生、促进学生发展的工作目标。这样的工作状态使他们长期处于毫无头绪的身心疲惫状态，容易产生倦怠和消极的工作情绪，致使他们的工作使命感、成就感不强。这样既不利于辅导员队伍的稳定，也不利于辅导员队伍向职业化、专业化发展。

第四，学生管理工作者的素质和能力往往难以满足实际的工作需要，不利于学生管理工作的开展。具体来讲，表现在以下几方面。

其一，学校机关的学生管理工作者对待学生管理工作时缺乏实际操作经验，无法真正体会工作在第一线的学生管理工作人员的需求。

其二，高校对于学生管理工作者的培养和重视程度不够，学生管理工作者的待遇相对较差，与个人理想要求相差甚远。

其三，学生管理工作者学历和能力水平参差不齐，在选拔和录用学生管理工作者时缺乏合理的考核制度，没有选到适合学生管理工作的人，导致学生管理工作者与本职工作格格不入，难以达到预期的理想工作状态和工作目标。

第五，管理模式还不够成熟，在评价监督方面仍存在问题。

目前，我国高校的学生管理工作模式还处于不断摸索阶段，还没有真正形成一套科学有效的学生管理工作模式，没有成熟的经验，缺乏理论的指导，也缺乏实践工作与理论研究的相互融合。纵观国外高校学生管理模式的特点及运行情况，都较为突出组织机构的扁平化特征、立足于满足学生的需求、着眼于方法手段的更新、注重专业化队伍的建设等，虽然我们不能照搬，但是我们可以从中借鉴并受到启发。

传统的能力评价观束缚了学生的自我发展。传统的学生管理体现出要求整齐划一、大一统的思想倾向。对学生的评价、鉴定、奖励、就业推荐等一般是从相对固定的几个大的方面开展，以学生平均状况为基准，根据每个学生的相对成绩表现划分等级。这种评价会让学生产生这样一种意识：考试分数高的同学就是能力强的学生，考试分数高就会有好前途和更多的发展机会。这种重统一、轻个性的模式化管理目标显然不利于学生主体结构的充分发展。

另外，我国高校对学生管理工作模式的运行情况没有形成一个可操作、动态的评价监督机制。学生的权利和义务以及对现有学生管理工作方式的时效性和有效性的反馈都没有形成相应的保护和保障，在高校校园内没有形成一套纪律管理监督和仲裁机构，也没有相应的法律咨询机构，以维护学校利益并保证学生的合法权利。

学生管理工作未实现法制化、制度化和科学化。学生作为被动的接受者，很少有机会参与学生事务工作，高校长期实施"管控型"及"模具式"的学生管理工作体系，辅导员提供"规范式"的管理、"保姆式"的服务，这就让学生与学校、学生管理工作者之间形成一道鸿沟，学生管理工作者不能及时了解学生的思想动态、不能走进学生的心里、不能深入了解学生对学生管理工作的认知需求，这不利于树立学生工作者善于与学生沟通和合作且被学生认可和信任的新形象。

二、新型管理模式的积极作用

（一）为高校学生管理工作创新提供坚实的理论基础

随着高校连续扩招，学生数量大幅度增加，学生层次趋于复杂化，学生特点更加多样化，给学生管理工作带来了困难。针对新的情况、新的问题，高校不得不出台新的管理对策和手段。

学校的学生管理水平标志着一个学校的教育、教学水平。于是，改良传统的、不合时宜的陈旧管理模式就成为一个值得研究的重大课题，要想摆脱传统管理模式的束缚，就应当创新，找出新的理论、新的方法、新的手段去改变高校学生管理模式，使高校学生管理工作能有科学的、法治的、先进的管理运行机制，以适应高校学生管理工作的发展。

（二）为高校学生管理工作创新提供科学的实践经验

当今世界面临着经济全球化、教育国际化的巨大挑战。随着经济全球化的迅猛发展，网络被广泛地应用于各个行业当中，这也增强了高校政策、服务的透明度。以很多国外高校为例，管理职能部门不再是独裁者、垄断者，其角色发生了重大转变，越来越趋向于服务者的角色。学生对高校职能部门的期望值增高，并参与到高校学生管理工作中来。我国的教育管理也发生着同样的变化。伴随着信息时代的迅猛发展，更多的家长和学生都参与到学生管理中来，对于教学质量、管理机制、服务素质有了更高水平的要求。我们可以学习各国高校在面临学生出现的各种问题时所做的协调工作和制订的政策，它们对于我国的高校学生管理来说，具有可借鉴性。

我国的高等教育要想与国家的快速发展相适应，必须摆脱传统的教育模式和陈旧的管理方法。但需要注意的是，我国高等教育管理机制与外国高校的管理体制还存在着一定差异，我们在借鉴外国高校管理的先进理论时，不可盲从，要取其精华去其糟粕，找出适合我国高等教育实际情况的管理手段。

第二节　高校大学生管理工作模式创新的基本原则

一、以科学理论为指导的原则

管理者应以科学的理论为指导，遵循高校管理的客观规律，并以科学的态度研究、处理管理中的问题。高校学生管理模式包括认知和实践两方面，即以科学的认知指导实践，同时在实践中不断检验认知，不断更新认知。对学生的管理不是一成不变的，管理的内容、方式和方法取决于学生的需要。这都是管理工作应遵循的客观规律。

但是随着社会的变革和教育的发展，新问题层出不穷，大学生的思想和行为呈现多元化的特点，在道德认知和道德行为上也存在一定的偏差，无形中加大了高校管理工作模式创新的难度，对高校教师和行政管理者提出了更高的管理要求，要求他们不断用新的思路、新的理念去解决问题。

二、尊重学生的自我实现原则

第一，满足学生不同层次的需求，促进学生全面健康发展。大学是培养人才的基地，学生管理不应该是对学生的束缚，而应引导学生建立高尚的人格。

学生管理工作必须要以人为根本，把人的价值放在首位，尊重学生、发展学生。在传统的高校学生管理工作中，首先考虑的是社会对人才的需求，把这种需求作为高校培养人才的目标，较少关注学生自身的发展，这些理念对学生管理具有局限性。好的管理就是要以学生为出发点，尊重学生的全面发展。高校管理者应全面了解学生需求，满足学生全面发展的需要。

学生的需要是多方位的，但传统教育尤其是我国的应试教育过分看重学生的学习成绩。这种学习几乎总是读、写、算的基本技能训练，而学生的表达能力、审美能力以及处理人际关系的能力几乎很少涉及。人的发展的本质，是内在潜能在后天环境中的充分实现，"自我"或"自我实现"，是人类与生俱来的动力，并且是在个体成长过程中通过不断地与其所处的环境相互作用而逐渐形成的。一旦形成了"自我"，就意味着他将自己与所处的环境分离开来。由于在这一过程中始终伴随着外界的各种评价，包括积极的和消极的评价，所以，整个社会都对个人的成长产生了极大的影响。

学生是一个个独立自主的个体，学生的发展、成长应与他自己相比较，看自己是否比以前有进步。学生管理者在考虑到学生个体差异的同时，应依据一定的标准，给学生一个客观公正的评价，使学生正确地认识到自己的学习怎样，有没有达到自己预定的目标，今后应怎样努力，并掌握正确的自我评价方法，提高学习的自觉性，成为学习的主人。同时，教育目标既包括认识能力的发展，也包括情感的发展，它是对整个人的教育。因此，学生管理者对学生进行教育时要注意情理结合，对症下药，制订教育策略；要耐心细致地做思想工作，动之以情，晓之以理，听其言，观其行，逐步培养学生健全的人格。

面对当代社会的迅速发展，教育的目标应该是促进学生的发展，培养能够适应变化和学会学习的个性充分发展的人。随着高校学生学习环境的转变、学习媒介的进步、交流手段的变革等，应提倡以学生的自由和全面发展为教育终极目的。为学生提供宽松自由的学习环境，一改传统教育只能端坐课堂，让学生倍感枯燥和乏味的状况，以激发学生的学习兴趣，提高学习效果；教会学生"如何学习"，使学生懂得利用先进的媒介获取知识。

第二，鼓励学生参与管理工作，培养学生的自治意识和责任意识。学生作为高校管理工作的重要主体和积极参与者，其参与管理的状况是衡量高校管理水平的标志。尽管我国许多高校都为学生提供了诸如勤工俭学等参与学校管理的机会，但其深度和广度都很不够。

而在美国高校，学生管理在很大程度上依靠学生本身，尤其在宿舍管理方面。

学生宿舍一般都设 AD（主任助理）1 名，他是宿舍楼主任的助手、学生管理员的召集人。每个楼面设 RA（居民助理）2 名，RA 的职责：对自己所在楼层的学生会工作进行指导；召集每两周一次的全层学生会议，每两周至少组织一次全楼层学生活动；督促这一层楼的学生遵守学校和宿舍的规章制度；进行房屋管理；受理本楼层学生提出的各种问题。每个宿舍还设 ARC（学习协调员）1 至 3 名，他们的任务是对学生进行学习方法的指导，在宿舍内组织各种学术讨论活动。

上述学生管理员除了完成各自分管的工作以外，都还要参加前台值班及宿舍楼内外的安全巡逻。美国各高校学生宿舍都有 AD、RA 和 ARC，而且由来已久。这些学生管理员的选拔一般都采用公开招聘的方法，先自愿报名，而后面试，选拔对象是二年级以上的学生（包括研究生）。选拔条件也很严格，如当 AD 必须要有当 RA 的经历；不管当 AD、RA 还是 ARC，都有对学习成绩、表现及能力上的要求。被录用的学生管理员在经过暑期正规培训后方能上岗。

学生管理员参加宿舍的管理工作属勤工助学。他们在任职期间伙食免费，并享受免费住宿，除此以外，还可获得少量津贴。尽管当学生管理员很辛苦，他们是秋季最早返校和春季最迟离校的学生，且每个周末必须留在宿舍里，而得到的报酬比在别的地方打工要少，但还是有许多学生争着干，他们认为能力的培养更重要。另一层原因是，如果在校期间有过当 AD、RA 和 ARC 的经历，毕业后寻找工作也会更加容易。

美国学生参与管理的面很宽。在美国高校，除了上面讲到的学生宿舍外，其他各个部门及方方面面也都有学生参与管理。如食堂里有学生经理和学生工作人员，图书馆里有学生管理员，各办公室有学生秘书，全校所有的计算机房都是学生在担任管理员和咨询员，全校各大楼的前台接待人员大部分是学生，在校园里进行安全巡逻的大部分也是学生，包括学校商店的售货员、电话总机接线员等有不少也是学生。美国学生参与管理的程度也很深。从某种程度上讲，美国学生管理员实际上充当了管理员、顾问和教师这三重角色，在许多方面起到了专职人员的作用。

相比之下，我国高校的大学生参与管理主要还是当参谋，起监督作用，即使直接参与管理，任务也比较单一。

我国高校要想较大范围或较深程度地组织学生参与管理尚有一些困难。一是观念上的障碍。不少管理者认为大学生参与管理从理论上来说是件好事，但在实际中不一定行得通，他们主要是担心学生的素质。建议学校的领导和各主管部门，一定要克服对大学生不满意、不信任、不放心的思想，要从培养人才的高度支持学生参与管理这一新生事物，主动接纳大学生。观念的改变还包括学生本身在内。长期以来，许多学生一直存在依赖思想，在家依赖父母，在校依赖教师和管理员，缺乏自理的观念和自我管理、自我服务的意识，如果这种观念和意识不改变，对参与管理就没有积极性。二是客观条件不允许。现在不少高校教职工都处于满员或超员的状态，在这种情况下当然不会去考虑提高学生的参与程度。

当今社会竞争激烈，如果不注重大学生自治能力和责任意识的培养，那么他们走上社会时就会缺乏竞争力，同时也不能很快适应现实社会。

三、重视法治的合法原则

依法治国，建立社会主义法治国家，是我国的基本治国方略。完善社会主义法治体系，推进社会主义政治文明建设，是建设小康社会和构建社会主义和谐社会的重要内容。

高校在学生管理工作模式的创新过程中必须坚持并遵循"依法治教、依法建章、依法管理"的原则，在具体形式和内容中，充分体现严格按照国家的法律法规建章立制，推进依法治校。

具体来讲，实现依法治校须遵循以下几个原则。

第一，高校学生规章制度的内容必须合理。依法治校的前提是不能违反国家的法律法规，同时要考虑到学生的切身利益。也就是说，在制订规章制度的时候要合法合理，综合考虑国家的法律法规及社会认可的程度，同时还要兼顾大多数同学的利益，还要有助于学校的安全稳定。规章制度必须明确、规范、可行。

第二，高校学生规章制度的制订程序必须正规。高校在制订规章制度的时候，必须要符合国家的相关规定，不能与国家的相关法律法规或者规章制度相悖，这就需要在制订规章制度之前，高校管理工作者必须对国家的要求和学校的情况进行深入地调查和论证。制订规章制度，必须广泛听取群众意见，不能朝令夕改。特别是涉及学生切身利益的规章制度，一定要听取学生的意见，真正落实以人为本的理念，合理合法治校。对于违纪处分，可建立申诉机制，允许学生提出异议，不搞一言堂。

第三，规章制度的解释权和适用范围必须明晰。规章制度制订好之后，必须规定解释权。一般应由学校负责解释。当出现规章制度理解上的偏差时，由学校负责解释具体内容，以免因为理解的不同而影响制度的执行，造成有章难循的窘境。同时，对于规章制度的作用范围一定要界定明晰，在处理具体问题时能够做到有章可循，并且不会违反国家的政策法规。

第四，高校学生规章制度的修改和废除必须及时。有时候制订的规章制度可能跟不上形势的变化，此时就要及时修改或者废除。社会发展经常带来一些新情况的出现，这就使得某些规章制度或者条文内容不能适应新情况的变化，因此也要及时地修正或者撤销。对于学生的管理而言，规章制度只是手段，并不是主要目标。只有不断完善规章制度，才能保证学生管理工作有效、平稳进行。

四、协调统一的整体原则

坚持高校学生管理工作的整体性，就是要把高校学生管理工作当作一项系统工程。从整体上进行部署，整合各部门、人员力量，着眼于各种要素之间的契合性。

坚持高校学生管理工作的整体性要求管理者审时度势，全面分析当前的形势。全面了解学生的需求，不断调整管理策略和管理方法，进行弹性管理，适应时代变化。

作为高校学生管理工作者，必须要对学生管理工作的整体性有一个把握，每一个参与到学生管理工作中的部门和人员都应明确自己的责任和目标，只有这样，才能更好地完成对人才的全面培养，实现高校大学生管理工作模式的创新与发展。

五、刚柔相济的管理原则

（一）分析刚性管理和柔性管理的特点

刚性管理是严格按照规章制度，并利用组织结构、责权分配来实现由支配到服从的管理。为了实施刚性管理，必须建立起一套系统科学的管理制度，并附以严格的奖惩措施。这些规章制度在单位内部具有约束性和强制性，内部人员必须人人遵守，无论谁违反，无论什么原因违反，都无一例外地需要承担相应的责任，受到相应的处罚。刚性管理重"管"、重"权"，从而达到管理的统一性。因此，刚性管理的优点在于能保证工作秩序井然，个人行为规范统一，并且有利于对敏感问题与突发事件的处理。但是，刚性管理也存在一定的弊端，它忽视了人的因素，一个单位管理的核心是人，每个人都有思想、有能力、有各种精神需求，不考虑这些特点，一味地利用权力和规章制度来约束和控制他们，将使人际关系紧张，不能很好地发挥他们的主动性和积极性，从而影响单位的发展后劲。

柔性管理则强调"以人为中心"，依据单位的共同价值观和文化、精神氛围进行人格化管理。它是采用非强制性方式，以产生一种潜在的说服力，从而把组织意志变为个人的自觉行动的管理模式。其最大的特点在于，不依靠外力，而依靠人性解放、权力平等、民主管理，从内心深处来激发每个人的内在潜力、主动性和创造精神，使他们能真正做到心情舒畅，不遗余力地为单位效力。

柔性管理的特征主要包括，内在重于外在，心理重于物理，身教重于言教，肯定重于否定，激励重于控制，务实重于务虚。但是，柔性管理也具有一定的局限性，因为柔性管理弹性大，变动性和灵活性很大，处理得不好有可能造成混乱；另外，由于主客观条件的限制，它很可能很难满足单位人员无限上升的需要，这会影响柔性管理的实施。

另外，柔性管理追求的那种依靠师生间高层次的"情"、自觉的"意"等非理性内在力量和"校园文化场"的无形制约，以激励为动力来实现"无为而治"的境界，这需要学校管理者和全体师生长时间的努力和坚持才能形成，管理周期长，短期内不易取得实效。

可见，刚性管理与柔性管理各有千秋，这就要求管理者在管理中要把二者有机地结合起来，以实现其功能的互补，发挥出最大的管理功效。

（二）营造刚柔相济的高校学生管理工作氛围

建立合理、适度的规章制度是实施"刚柔相济"管理模式的前提。借助控制、监督、惩罚等强制性手段迫使学生按照某种行为规范去完成学业是必要的，这是保证学生管理有章可循的基本条件，是维护校园秩序、保证教学质量的必要保障。但是规章制度的管理并不是万能的，控制和惩罚并不能使学生自觉和自愿地朝着学校的目标前进，所以在规章制度的制订和实施上应该是柔性的。

在规章制度的制订上，既要体现出对人的要求，又要尊重人和信任人，将管理制度提升到人性化的高度，用富有人文关怀的制度来管理人，使人在被管理中体会到温暖。同时可通过学生干部"听证会"来完善制度，尽力做到"以人为本"。

在处理手段上，应以"以教育为主"为指导思想，当学生违反规章制度时，应突出"治病救人"，通过"晓之以理、动之以情"，让学生深刻地认识到自己的错误，避免照搬制度生硬处罚，要重在使学生提高认识，触及灵魂，做到严而有格，严而有情，使之深切认识到管理者"治病救人"的良苦用心，真诚悔改。

在刚和柔的权衡方面，要侧重于"柔"。要积极研究大学生的心理特征，在关心学生、了解学生、诚待学生的基础上，做到理解学生和尊重学生，给予学生更多的个性发展空间。推行以充分授权为基础的自主管理模式，这就要求管理者给予学生充分的信任，相信他们有能力约束自己的行为，管理自身事务；管理者应通过充分授权，帮助学生开展多形式全方位的自主管理；管理者还要不断培养学生的自主管理能力。此外，管理者应引导学生开展自我激励、自我服务、自我控制、自我检查、自我评价等工作；通过学生的自主管理，来充分调动他们的积极性和创造性，挖掘他们的潜能和自身价值，提高他们调节与控制自己思想和行为的自觉性，提高他们的综合素质。

集体舆论与人际关系构成了学生管理工作柔性管理的客观氛围。集体舆论是学生意志的反映，管理者要善于让学生充分表达对班级事务管理的意见，这不但有利于推行各种管理措施，而且有利于发挥学生的主动性和创造力。人际关系包括师生关系和同学关系。人际关系是营造集体心理环境的重要因素，它直接影响个体心理环境，决定着个体参与的主动性、积极性和创造性。

第三节 高校大学生管理工作模式创新的策略

一、关注个体差异与发展

高校学生管理工作是系统化的工程。目前，我国的高校学生管理中常见的管理模式有三种：一是管理者仅凭自己经验，利用职权进行管理的独裁式的行政管理模式；二是利用制度、建立目标等手段来管理学生的操作性管理模式；三是以人为本的管理模式，即将管理看作服务于人的手段，是以促进学生的全面发展为宗旨的管理方式。

在这三种管理模式中，行政管理模式是强制性的管理，它压抑了人的本性，完全是独裁式的行为模式，抑制了学生的主动性和积极性。

操作性管理模式较为常见。目前，多数高校的学生管理部门都设有各项规章制度，依靠强制的执行来达到一定的目标，对学生进行制度化、规章化的管理。在这种管理体制下，学生的积极性和主动性受到了限制，在制度的束缚下，很多学生的天性得不到释放，创新意识和自我管理意识得不到有效锻炼，师生关系僵硬，管理工作的效率低下。因此，需要探索新型的学生管理工作模式，做到以人为本。

以人为本的管理模式其实就是以学生为中心，所有的管理活动，都围绕调动学生的主动性、积极性和创造性来开展。

马克思在他的著作中提到："人的本质并不是单个人所固有的抽象物，在其现实性上，是一切社会关系的总和。"这是马克思主义唯物史观的一个重要命题。以人为本是一种价值观的表现形式，他把人的本质作为最重要的东西，把人作为一切工作的基础，考虑从人本身的需求出发，以实现人的价值为最终任务。放到学生管理工作中，就是要以学生为基本出发点，把学生的个人发展放在首位。其基本点包括以下几方面。

①强调尊重学生的主体地位。

②充分尊重学生的需要。把学生关心的问题和需要解决的问题当成最重要的事情来处理，满足学生的合理需要。

③肯定学生的价值。在以人为本的管理理念中，学生的价值必须肯定，这是该理念的基础。作为现代教育管理的一个十分重要的思想，以人为本的管理理念激发的是人的主体性和创造性，强调了社会发展与个人发展的统一。

二、提高服务水平和意识

当今世界，教育已经成为一种服务。世界各国的教育业都在努力提高教育服务的水平和质量。对我国高校而言，这种理念需要不断推广和完善。

在以人为本的教育管理模式下，必须强化教育是一种服务的观念。学生是学校最主要的服务对象，是教育工作的主体。学校的各项工作目标就是要为学生提供优质的教育资源和教育服务，使得整个学校成为一个完整的服务机构，为学生创造有利于其成长成才的良好环境。学生管理工作是这个服务机构中的一个重要环节。

随着高等教育自费的普及，教育已作为一种消费形式呈现在国人眼前。大学教师的主要任务是帮助学生去学习知识、管理知识和实践知识。教师和学生之间的关系是平等、民主的关系，必须摒弃传统的严格管理的思维，树立为学生服务、关心爱护学生的理念。教师应站在学生的角度来看待学校的管理，使学校的管理模式更加适应学生的特点，让学生有更多自由的空间来发展个人才能；调动学生的积极性和主观能动性，为学生自我发展服务。

当然我们目前的学生管理工作并不完善，无论在服务内容和服务水平上，距离理想标准都还尚有不小的差距，这就给我国高校的学生管理工作者提出了更高的要求，需要学生管理工作者不断提高水平。毋庸置疑，增强服务意识，提高学校各职能部门特别是学生管理工作者的服务水平和基本素养，对于推进学校体制改革，建立有效的新型学生工作管理模式是有百益而无一害的。

三、推进管理模式法治化

近年来，由于学生规章制度的不完善或者不严谨，学生与学校之间官司不断。学生在校期间遇到了一些突发事件，或者因为违反校规校纪受到学校的处理，抑或是学校在处理的时候处分太严,这些都可能造成学生对学校的不满而引起纠纷。因此,在以人为本的前提下,必须坚持依法治校,加强制度建设。

为了实现高校大学生管理工作模式的法治化,可以从以下几方面着手推进依法治校。

(一)加快高校学生管理工作法治化进程

这是实现学生管理模式法治化的前提和基础。推进管理法治化是纠正高校学生管理制度建设弊端、堵塞制度漏洞的有效手段。《中华人民共和国高等教育法》第十一条规定:"高等学校应当面向社会,依法自主办学,实行民主管理。"它明确了学校自主管理权的行使必须遵循法治原则。

学校教育是对"人"的教育,对人的教育必须建立在尊重人的基础之上,而对人的尊重首先是对人权利的尊重。长期以来,教育道德化是我们一贯坚持的教育理念。在教育过程中,权力的设置和运用常常只受道德标准的衡量与限制,而缺乏法律的规范。但在依法治国的环境下,学校与学生之间的关系已经不再是一种简单的管理者与被管理者之间的关系,而是一种对应的权利与义务的关系。因此,我们应当将教育关系作为一种法律关系来看待,应当将尊重受教育者的合法权益作为教育者的首要义务,在行使教育管理权时,首先考虑的不应当是如何"处置"受教育者,而应当是这样处置是否合法、是否会侵犯受教育者的权利,真正将受教育者作为一个平等的法律主体来对待。这才是我们需要的一种符合时代发展要求的教育理念。

高校学生管理工作的法治化需要管理者增强法律意识。高校管理者具有良好的法律意识,是严格依法办事的重要前提,它可以促使管理者在依法行使自己管理职权的过程中,尊重和保护学生的法定权利。

高校应该通过进行法学理论方面的专门化培训、敦促管理者自学等方式,培养管理者的法律意识,尤其是民主思想、平等观念、公正精神、法治理念等,从而使管理者自觉用法律法规来规范自己的言行,在管理工作中公正对待学生,尊重学生权利。同时,外聘一些专职司法工作者,组成学生法律援助组织和仲裁机构,形成法治化的育人环境。

(二)建立正当的管理程序

这是实现高校学生管理工作模式法治化的关键所在。在具体的管理行为中,实现法治化的重中之重在于程序。这就要求,在处分学生时要及时将处分意见送达本人,确保学生的知情权不受侵犯;建立听证制度,充分保障学生的知情权;

建立申诉机制，使学生有一个为自己辩护的机会；建立司法救济机制，保障学生的合法权益。

正当程序原则可以追溯到英国普通法传统中的"自然正义"原则。正当程序的基本要求：任何人不能作为自己案件的裁判者，纠纷由独立的第三人裁决；做出影响相关人权利义务的决定，特别是对当事人不利的决定时，必须听取当事人的意见，给予其陈述、申辩、对质的机会；纠纷的裁断过程中不可偏听偏信，不得单方接触；一切都必须予以公开，保证公正和透明；等等。

我国法律中并没有关于"正当程序"的条文规定，正当程序只是作为行政法的原则和理念存在。《中华人民共和国行政处罚法》规定的简易程序、一般程序和听证程序，也不适用于高校学生管理和纪律处分。可以说，司法审查是高校在学生管理过程中使用正当程序的最大推动力。

从保障学生权利和维护学生尊严的角度来看，正当程序有利于保障学生的权利，特别是涉及学生的基本权利时更是如此。没有正当程序，受教育者在学校中的"机会均等"就难以实现，其"请求权""选择权""知情权"就难以得到保障和维护。另外，如果仅仅从工具性价值来理解正当程序的话，那就贬低了正当程序的价值。程序不能只是达成实体正义的手段，程序具有自身独立的价值。

正当程序的内在价值有两个方面：一是对人作为人应当具有的尊严的承认和尊重，即尊重个人尊严；二是正当程序包含了"最低限度公正"的基本理念，否则，人们会因此感到程序是不公正的、不可接受的。在很长的一段时期内，高校和学生的关系具有强烈的特别权力关系的色彩，学生只是消极的被管理者，高校与学生之间的地位是不平等的。在这种情况下，正当程序是没有必要存在的。

随着我国实施依法治国方略，全面推进依法治教，高校学生管理必须法治化。将特别权力关系纳入司法审查的范围，既符合正当程序原则，也成为限制特别权力的基本原则之一。因此，在高校学生管理过程中引入正当程序，是对学生人格尊严的尊重。

（三）建立科学的学生管理评价体系

这是实现高校学生管理法治化的重要保障。高校对学生的约束，主要依据是法律。特别是在学生处分问题上，道德品质评价不能作为处分学生的依据。在对学生进行处分时，要就事论事，事实清楚、程序正当、依据明确、定性准确。在此问题上，我们要改变既往惯常对问题学生进行处分的教育管理模式，发挥思想政治工作的优势，在处分前要注重对学生进行引导和疏导，在处分中要加强对学生的思想教育，调动学生主体的自我教育功能，引导学生强化个人和社会责任感，处分后要做好后续的管理和服务，给予学生更多的人性化关怀。

高校应把思想教育"软件"与刚性管理"硬件"密切结合，营造良好的育人环境，另外，一直以来衡量高校学生管理工作好坏的重要标准是管理效率的高低，对公平、正义的关注则显得不够。

确立科学的学生管理评价体系就是不仅要实现"管住人"，还要"管好人"，以德服人，以理服人，维护学生的正当合法权益。

（四）建立多元化的学生权益救济机制

学校对学生的严重处分，不是对学生宪法上受教育权的剥夺，而仅仅是对该学生在一个特定教育机构接受教育过程的终止，不涉及学生宪法权利的保障，因此，在构建不服处分的救济制度上，不需要考虑宪法上的救济即宪法诉讼或其他违宪审查方式的问题，但是要考虑高校对学生的管理在很大程度上具有行政管理的味道，法律、法规、规章对高校行政处分权的行使规定了严格的条件。

行政处分的法定性特征具有对行政处分实施普通法律上救济的条件。就高等学校行政处分纠纷案件而言，行政诉讼和包括教育行政复议、学生申诉制度、教育仲裁制度、调解制度等在内的非诉讼机制都是学生可以利用的权益救济方式。建立多元化的学生权益救济机制，既是以法治校的重要体现，又是避免学校陷入司法审查陷阱的必要手段。

四、提高学生的参与程度

大学生参与高校管理，既是其作为教育消费者与接受者的重要权利，又是其保障自身利益的合法权利。与西方国家相比，我国高校既存在学生的主体地位被忽视、学生参与能力遭质疑和学生个体意识淡薄等理念性障碍，也存在行政管理机构中的边缘化、学生自治组织中的虚无化等制度性障碍。为更好地促进与提升高校管理中学生的参与，高校需要更新学生参与高校管理的观念，完善学生参与高校管理的机制和提升学生参与高校管理的品质。

学生参与高校管理应该是一个循序渐进的过程。高校应充分重视并落实学生参与管理的权利，为学生参与学校管理提供更适宜的环境与更完善的制度保障。

（一）重视"学生权利"

受传统的思想观念制约，大部分高校管理者都认为以大学生的现有能力和素质还无法胜任复杂的管理工作,所以在保证学生参与高校管理的方面通常持相对保守的态度。

从人才培养的角度看,支持学生参与学校管理是促进人才全面发展、培养学生民主意识的重要手段;从学校科学化管理的角度看,支持学生参与学校管理又是促进服务水平提高的必要途径,毕竟"积极的顾客参与可以提高服务质量和顾客满意度"。学生是学校服务的直接体验者,吸纳学生直接参与到学校管理当中,不仅可以使学校的管理更有针对性,还能够加强学生的自我管理。

因此,高校管理者需摆脱传统的"替代家长"观念,重视大学生在高校中的主体性地位,尊重学生参与高校管理的合法权利,信任大学生的认知和判断能力,赋予他们更多更高层次的管理决策权。

"参与必须扎根于整个组织的管理者和员工的行为和心灵中。"只有学生自身认同参与学校管理的必要性和重要性,才有可能激发他们参与学校管理的热情,也才能在实践中发挥学生参与学校管理的主观能动性。相关调查显示,目前"只有17.6%的学生认为学生参与的积极性很高,而57.7%的学生认为目前学生参与的积极性一般,22.6%的学生认为学生参与的积极性不高",因此,实现学生参与高校管理,必须以提高学生参与学校管理的意识和主观意愿为前提。

首先,高校要培养学生的集体责任感和主人翁精神,改变"两耳不闻窗外事,一心只读圣贤书"的传统思想。

其次,高校要引导学生正确认识参与学校管理的活动,在向学生强调参与学校管理的重要性的同时,消除学生对参与的畏惧感与不信任感。

最后,高校要为学生参与学校管理提供广泛的渠道,加强对学生参与学校管理的指导,将参与学校管理简化为学生力所能及的一般性事务。

(二)赋予学生权力

"明智地分享权力并不等于削弱权力,反而可以多出成果。"通过构建与完善相关的学生参与机制,更多地赋予学生参与学校管理的权力,是未来高校管理体制改革的重要趋势之一。

1.构建高校学生管理听证制度

近年来,听证制度在我国法治建设过程中发挥了举足轻重的作用,把听证制度引入高校,使其作为学生参与学校管理的制度保障,已经引起了人们的广泛关注。目前,我国各高校纷纷建立了学生管理听证制度,保护学生参与学校管理的合法权利。如2012年厦门理工学院就成立了由学生代表组成的学生听证委员会，实行"学校怎么做，先听学生怎么说"的做法，让学生"真正参与到学校管理当中，而不是机械地执行学校下达的命令"。

2. 实行高校学生代表大会提案制度

学生参与学校管理是我国现代大学制度建设的要素之一，健全的现代大学制度理应为大学生参与管理提供有力保障，借鉴教代会模式实行学代会提案制度，也应当成为保证学生参与高校管理的组织保障。如南开大学在其2011年的第十九次学生代表大会上，就通过学代会代表向校方提出了百余份"提案"，其中涉及课程设置、学科建设、就业指导等与学习、科研息息相关的问题，还有膳食服务、校园安全、环境改善等涉及日常生活的问题。将提案制度引入学生代表大会，使学生与学校沟通的渠道更加畅通，在引导学生自我教育、自我管理、自我服务的同时发挥其主人翁意识，使其更加积极地参与到学校各项事务的监督和管理之中。

（三）优化"学生参与"

促进学生参与高校管理，不应仅仅停留在低层次、低水平的"形式阶段"，而应致力于层次的提高和品质的提升，进入有效、积极和高水平的"实质阶段"。

1. 提高大学生参与高校管理的层次

参与高校管理可分为三个层次，初级层次以行使知情权、监督权和建议权为核心，中级层次以行使行动权、咨询权和评议权为核心，高级层次以行使决策权、表决权和投票权为核心。目前我国大学生参与学校管理的途径和方式还主要集中在初级层次或者中高级层次的初级阶段，如高校普遍设置的校务公开栏、校长信箱、校长接待日以及实行的学生助理制、学生评议制等，它们都只停留在行使知情权、监督权、建议权等初级层次。学生组织、学生干部参与管理也仅仅停留在宿舍、食堂等生活服务管理层面，对学校重大方针的决策根本无从参与。

鉴于大学生身心发展的特殊性以及群体功能的特殊性，学生参与高校管理的范围和程度可以是有限的，但学生作为主体参与学校各个层次管理的权利是不可忽视的。高校应充分尊重学生参与学校重大决策领域管理的权利，让学生真正享有"参政议政"的权利。

2. 创新大学生参与高校管理的方法

随着网络技术的成熟以及高科技产品在高校的广泛应用，学校可以充分借助当前先进的技术和科技手段拓宽学生参与学校管理的渠道。例如，南开大学就通过开设"小开"微信平台来专门开展校园信息咨询、交流和反馈等事务，学校不仅能够用它发布各种公告信息，还可以将其用于向学生征集各方面的提案和意见，成为"随时随地任何学生"参与学校事务管理的一种新的便捷途径。此类形式的创新，能够打破以往学校管理工作在时间和空间上的限制，提高管理工作的效率，使学生参与学校管理的方式更加人性化和现代化。

3. 增强大学生参与高校管理的能力

无论是我国还是西方国家，学生与教师和专职行政管理人员相比，在知识、经验和能力方面都是不足的，但这不足以成为限制他们参与学校管理的理由。大学生作为由成年人组成的群体，已经具备较成熟的思想和独立判断的能力，而且还兼具较强的可塑性。

高校应当重视对学生参与学校管理能力的培养，创造机会让更多学生关心和了解学校的发展并积极参与到学校管理当中，尤其要鼓励学生参与教学管理、干部选举及奖惩制度等事关自身发展和切身利益的重大事务。例如，辽宁大学曾实施大学生入机关挂职锻炼计划，每年选拔一定数量的优秀在校大学生，安排他们担任校内重要行政岗位的助理工作，包括教务处处长助理、后勤集团总经理助理、学生处处长助理等，提升学生参与学校管理的素质与能力。

五、促进信息技术的应用

技术革命促进了社会的进步。现代信息技术的发展使计算机越来越普及。高等学校的日常管理中，随处可见计算机的身影，其作用重大。学生管理工作信息量大，一名学生可能对应的信息非常多，如学生的姓名、学号、性别、身份证号、家庭住址、政治面貌等等。而且由于招生规模的扩大，一名学生管理工作人员往往要面对几百名学生，单纯靠传统的纸质的档案管理办法显然是行不通的。利用计算机技术和网络技术，学生管理工作就能达到事半功倍的效果。

计算机技术还可以提高管理工作的效率。学生管理工作中经常需要下发通知，收集各种汇总表格。利用微信等工具可以轻松完成这些任务，同时也符合节约型社会的要求，实现了学生管理工作的现代化。

在高校学生管理工作中，计算机技术在以下几个方面得到了广泛的应用。①学生信息管理。利用计算机可以实现学生信息的保存、管理、查询。②日常事务的管理。学生日常事务的管理非常琐碎，涉及学生的方方面面，比如党建工作、助学工作等，利用计算机技术可以节约大量的人力物力，便于资料的整理归类。

③工作过程的控制。通过网络，可以实现办公的无纸化，同时也节省了学生和辅导员的时间，管理人员可以利用计算机和网络，及时汇总各种信息，并及时调整方案，保证工作任务圆满完成。

目前，电子产品的成本越来越低廉。配备完善的信息化设备是高校信息化建设的必要条件，为学生管理工作人员配备适当的信息设备，对于改善学生管理工作条件有很大帮助。

（一）引导学生正确使用网络

信息社会，网络技术是必不可少的一项技术。掌握网络技术，也是学生管理工作人员应当具备的一项技能。依靠发达的网络技术，学生管理工作可以真正做到系统化和快速化。网络的发展与普及，拓宽了学生的视野，加强了学生与教师之间的交流。同时，也让学生管理工作人员多了一种了解学生动态的途径，提高了工作效率。

网络对于学生思维方式的改变是巨大的，同时也大大改变了学生的行为模式。因此，建设完善的校园网络，符合当代学生的特点，也为学生管理工作人员提供了良好的办公环境，有利于提高工作效率。

（二）利用信息技术推动辅导员队伍建设

作为工作在学生管理工作第一线的辅导员，其信息技术应用水平直接决定了学生管理工作的效率。运用信息技术，轻松实现了无纸化办公，更加快捷地传达学校的重要通知，便于及时与学生取得联系和进行有效沟通。因此促进学生管理工作的发展，改革学生管理工作的模式，就必须加强对辅导员队伍的信息技术能力的培养。

尽管所学的专业不同，辅导员也要从思想上认识到信息技术的重要性。现代化信息技术的应用对于提高整个学校的竞争力，提高学生管理工作的效率具有重要作用。

由于很多辅导员并没有系统学习过信息技术，特别是文科专业的辅导员，他们对于信息技术的应用仅限于上网浏览网页和收发邮件。因此学校应当组织专门的培训，提高他们的信息技术应用能力，充分发挥辅导员的能动性，允许他们创造性地开展工作。要利用一切手段不断提高辅导员及学生管理工作人员的信息技术应用能力，让他们熟练掌握基本的办公软件如 Word、Excel、PowerPoint 等。

综上所述，信息技术的应用对于学生管理工作十分重要，是提高高校学生管理工作效率和效果的重要手段，是适应新时期学生管理工作发展要求的一项重要举措。学生管理工作是一项庞杂的工作，需要处理的信息量巨大，特别是高校扩招之后，学校对于学生管理工作的准确性和及时性的要求也越来越高，这必然要利用信息技术来实现。要完善高校学生管理工作模式，必须重视信息技术的应用。信息技术是实现学生管理工作现代化的重要手段。

六、掌握高校学生管理的关键点

学生管理工作是高校整体工作的重要方面。在具体的实践中，学校的管理工作者应注意把握其中的几个关键环节，主要包括入学教育，评优、纳新，关心爱护和严格要求，开学和放假、大学生基本信息管理等环节。只有全面把握大学生管理的关键环节，才有可能使大学生的管理工作走上更加规范而又科学的轨道。

（一）入学教育环节

高校的招生对象为高中毕业生。高等教育实行的是自我教育、自我管理和自我服务的管理模式，而大多数中学生的自我管理能力和自我约束能力较差。因此，帮助高中毕业生实现向大学生的转变和过渡是高校首先要做的工作。入学教育是大学生管理工作的第一个关键环节。在入学教育方面，要重点搞好军训工作，从队列、内务、日常行为等方面进行教育和强化训练，同时，还要使学生真正明白，科教才能兴国，中华民族要想在世界上立于不败之地，首先要振兴教育事业，另外还要使学生了解本专业的发展现状和前景，帮学生尽快树立一种"今天学知识，明天建祖国，现在准备好，将来去奉献"的职业道德观念，使"奉献自己、服务他人、努力打拼、不断创新"的信念成为他们的终身追求。

（二）评优、纳新环节

在学生管理方面，评选"优秀团员""三好学生""优秀学生干部""优秀毕业生"以及奖学金的评定、党组织纳新是建立良好的班风、学风和校风的重要激励机制。"优秀团员""三好学生""优秀学生干部"以及奖学金的评定，每学年进行一次，"优秀毕业生"每届学生评定一次，党组织纳新一般每学年进行两次。

每次评优、评奖和党组织的纳新工作，高校学生管理部门都会印发相关文件和要求，关键是各系部和辅导员要按照文件精神认真抓好落实工作，认真履行职责，真正把那些政治上可靠、学业上优秀的学生评选上来，把那些拥护党的领导、积极要求上进的学生早日吸收到党的组织中，把评优和组织纳新的激励作用发挥到最大。

（三）关心爱护和严格要求环节

无论是辅导员，还是专职管理者，如果只注重关心爱护，容易使学生形成侥幸心理，如果只注重严格要求，学生容易产生逆反心理，就会对教师敬而远之。关心爱护和严格要求，二者是相辅相成、缺一不可的。所以，当学生遇到生活、学习上的困难时，辅导员和专职管理者及时给予关心爱护和帮助是非常必要的。同时，当学生自由散漫、不尊敬师长、不能遵守校纪时，管理者应当注意及时对学生进行批评教育。

在对学生进行管理时，关心爱护和严格要求二者不可偏废，二者缺一，管理就不能成功。比如有的学者提倡赏识教育，赏识教育可以维护学生自尊，培养学生的自信心，使学生的能力得到充分地发挥，但单纯的赏识教育是不全面的教育，赏识教育不是无原则的赏识，它是在严格要求基础上的赏识。在操作上管理者应该有一双能够发现每个学生闪光点的眼睛，同时也不能放弃对学生的要求与管束。

（四）开学和放假环节

许多大学生有这样的心理：在学校时间长了，想回家看看，在家里时间长了，盼着开学。回家可以说是归心似箭，临近放假和开学时，学生的心理最不稳定，但不管是开学还是放假，管理者应该教育学生在途中注意交通安全。

另外，教育学生借别人的东西要按时归还，个人的物品要妥善放置。放暑假要教育学生在游泳时以防溺水，放寒假教育农村学生严防煤气中毒。

（五）大学生基本信息管理环节

高校中的学生来自五湖四海，来自不同的民族、省份，每个学生的生活习惯、性格、兴趣爱好等都不同。不同的民族更有着不同的风俗，家庭经济条件好的学生和家庭经济条件不好的学生可能也有着不同的处世方式，单亲家庭或是家庭有重大变故的学生容易产生心理问题，这就需要基层管理者，尤其是辅导员要掌握每个学生的基本信息，建立每个学生的信息档案，包括姓名、性别、籍贯、民族、家庭成员基本概况、联系方式、谈话记录等。同时，要经常与学生交流，使来自不同民族、不同地域、不同家庭背景的学生和谐相处，以形成良好的班风。

七、推行精致化管理新模式

精致化管理是当前管理科学领域的一个重要理念，针对学生管理的复杂性，提出精致化管理有助于提高学生管理的整体质量，同时也是改善和提升学生管理工作效果的一项重要手段，为创新学生管理工作模式提供了重要思路。

精致化管理是学生管理工作模式的创新。它强调学生管理工作的可持续发展，对学生和教师都提出了更高的要求，需要师生密切配合和共同努力，从细节着眼，最终实现整体的共赢，是适应新时代要求的管理模式。

一方面，高校学生精致化管理充分体现了当代高等教育改革的重要发展趋势。与以往的管理模式不同，精致化管理强调学生个性的发展，承认学生的差异性并致力于满足每一位学生的要求。相比于传统死板的管理模式，精致化管理能够极大地调动学生的积极性和内驱力，使学生具备较强的创新能力和社会适应能力。

高校学生精致化管理的最大特点在于，注重个体差异，强调以人为本，旨在充分培养学生的创造力和发挥学生个人的主观能动性。

现阶段，在校大学生多为"00后"，与以往的大学生相比，他们可以接触到的信息量更大，他们的思想也更加多元化，即便是同龄的学生，其人生观、世界观、价值观也可能迥然不同，这就给学生管理工作带来了很大的困难。以往一刀切的传统管理模式，如果用在现在的大学生身上，势必会遏制一部分学生个性的发展。运用精致化管理的理念，可以引导大学生追求正确的价值观，促进学生自我发展、自我服务和自我完善。

为了实现高校学生管理工作模式的创新，可以从以下几方面着手推进高校学生精致化管理模式。

第一，精致化学生管理模式需要着力坚持"以人为本"的学生管理理念，它要求做到"一切为了学生、为了一切学生、为了学生的一切"，把学生放在最重要的位置。学校的根本任务是培养对祖国、对社会有用的人才，就是培养综合素质过硬的学生，因此不管是学校的什么工作，都要以学生的培养工作为中心。

第二，要贯彻落实精致化管理，需要科学制订相应的管理制度，保证在整个执行的过程中做到有章可循，有章可依。要做到制度精致、准确，针对学生管理工作中可能出现的情况做好分门别类的整理，力求保证管理过程井然有序。

第三，精致化管理具有特殊性，在落实精致化管理时，要加强人员队伍建设，这包括学生管理人员队伍建设和学生干部队伍建设。要充分发挥辅导员和学生干部的作用，切实了解每一位学生的情况，包括其家庭条件、行为习惯、学习能力、经济状况、个人素质、个人特长、情感状况、心理状态等，并且针对学生的具体情况进行具体分析，找出适合学生个体发展的合理途径，并且对他们今后的发展开展必要的追踪调查。这个工作十分艰巨，也十分细致，因此需要培养学生干部队伍来辅助辅导员和学生管理人员来做工作。

第五章　高校大学生管理工作手段的创新

在高校大学生管理工作中，需要特别注意恰当的管理手段的使用，只有在管理过程中使用恰当的管理手段，才能更好地推动高校大学生管理工作的完成。本章分为高校大学生管理工作的自我管理手段、高校大学生管理工作的融入式手段、高校大学生管理工作的激励管理手段三部分，主要包括高校大学生自我管理的内涵、高校大学生自我管理的特征、高校大学生自我管理的原则、高校大学生自我管理的理论依据、高校大学生自我管理的实现途径等内容。

第一节　高校大学生管理工作的自我管理手段

一、高校大学生自我管理的内涵

大学生的自我管理，包括大学生对自身的生理、心理、行为等方面的自我认识、自我感受、自我料理、自我监督、自我控制、自我完善。具体来说，大学生自我管理体现为以下三个方面。

（一）自我管理的入门——了解自我长处

了解自我最重要的就是找到自己的长处——这是大学生首先要做的事情。也许要用整个大学时光来完成这件事，但越早发现对将来的发展越有利。发现长处不能靠闭门苦想，而要通过实践检验并实施反馈分析。所以，作为大学生，要敢于尝试，在大学学习期间要尽可能多地涉猎广泛的书籍，在假期时要抓住每一个实践机会。一个有效的方法是，无论何时，只要你做出了一个重要决策或采取了一项重大行动，你都把你期望的结果记录下来。3至6个月后，把实际结果与你的预期进行比较。通过比较，你就会清楚明了在众多的抉择中，哪些是自己没有天赋、不能干好的，哪些是一点即通、上手很快的。人生短暂，明白自己长处的学生就懂得学习自己擅长的东西，从"入流"向"一流"冲刺，而不会在自己能力低下的领域里浪费精力，从"非常笨拙"争取做到"马马虎虎"。一个人的成就只能建立在长处和优势上，不可能建立在短处和弱势上。

当然，一个人的成长是动态的，特别是对于可塑性强的大学生而言，其具有的长处也是不断发展变化的。长处可以靠挖掘，也可以靠培养。为了更好地生存，人的无限潜能也能帮助自己形成新的长处。因而，寻找长处不是固有的模式和框架，而是不定期地进行反馈分析，把寻找长处、培养长处与发挥长处统一于实践，这样才能让长处充分发挥作用而真正成为一种竞争优势。

在大学，学生在学习、生活中难免有诸多抱怨，对自己、对身边的事总有着这样那样的不满意，这很正常。也许对于很多人来说，当年空有精力时却没有做事的外部条件；当外在条件成熟时，可能已经没精力了。只有善于自我管理的人，才能在广阔天地间让长处充分发挥，抓住机遇，走向成功！

（二）自我管理的核心——目标管理

在明确了自己的长处之后，接下来就是目标的管理。"做正确的事"比"正确地做事"更重要。问目标是什么，就是"做正确的事"，它包括下面两方面内容。

第一，设立目标，让生活有明确的方向。不想当将军的士兵不是好士兵，作为一名大学生，首先要志向远大，目标明确。设立目标要把握三个要点：一是你的目标一定要结合你的优点，围绕你的长处来构思。设立的目标要能强化你的长处，专注于你的长处，把潜在的优势转化为现实的优势。二是目标必须具体，不能含糊其词，任何人都不可能去实现一个模糊的目标。比如，你打算考某个资格证，打算毕业时考研，打算毕业后找一份工作等，一定要把资格证的名称、考研的专业、工作的性质确定下来。三是目标要适中，既不能眼高手低，也不能自卑自贱。虽古人云："取法乎上，得乎其中；取法乎中，仅得其下。"但我们设立的目标如果远远超过自己的知识能力水平，那么目标就会成为空中楼阁。

第二，要分解目标，让你随时充满紧迫感。目标可分为长期目标、中期目标、短期目标三类。长期目标要瞄准"未来"，把眼光放到毕业后的人生当中。若设定 10 年期的长期目标，就把中期目标定为 5 年，其实现的可能性更大。接着将 5 年再分成两半，直到你得到了 1 年期的短期目标时，再按月分下去；短期目标是你应该最为关注的目标，一般不要超过 90 天，这样能取得更好的效果。

（三）自我管理的重点——学会做事和与人相处

自我管理最终是要去服务社会、融入他人，而不是一味地管理"自我"。所以自我管理很重要的作用和意义在于它的社会性——学会做事和与人相处。学生经过了大学教育,最终是要进入社会的,所以在大学教育中,在学生自我管理的内容中,重视社会性素质能力的提高是十分关键的,归根结底就是"学会做事做人"。做事,除了做好事、做对事外,还要提高工作效率,以最佳的方式完成。做人,除了做好人、做对人外,还要做个成长快、成功快、受人欢迎和令人敬佩的人。

二、高校大学生自我管理的特征

(一)对象特征

这一特征主要是指管理与被管理两者的统一。大学生自我管理同其他管理活动的根本区别在于,其他管理活动强调对他人或他物的管理,而学生自我管理则是行为发出者作用于自身的活动过程。自己既是管理者又是管理对象,这是自我管理最基本的特征。进行自我调节和控制是学生自我管理的实质所在。

(二)过程特征

这一特征主要是指自我认识、自我评价、自我控制、自我完善四位一体。学生在认识社会、他人和自己的基础上,在管理过程中评价、控制自己,最后实现目标,到此也就完成了学生自我管理的一个循环——不是简单重复,而是在社会、个人的动态环境中的螺旋式循环。

(三)内容特征

这一特征主要是指不同的时代具有不同的内容。此特征有以下两个方面的含义:一是生活在一定社会条件下的人,其思想水平、知识水平和心理素质就会被打上时代的烙印,学生也是如此;二是大学生自我管理的目标及其社会意义具有鲜明的社会、政治、经济和文化特征。今天,社会为自我管理提供了汲取营养的现实土壤,而作为新时期的高校大学生,就应该热爱祖国,热爱人民,追求真理,锐意进取,艰苦奋斗,乐于贡献。

三、高校大学生自我管理的原则

从整体上说,高校大学生自我管理不完全取决于个人愿望和努力,它必须反映社会和学校的需要,必须受到社会条件和学生管理制度的制约,符合社会道德规范,同学校培养目标一致,并将自己置身于社会管理和学校管理之中。高校大学生自我管理集主客体于一身,具有它的特殊性。所以,它除了遵循管理的一般原则之外,还应遵循以下几个原则。

（一）自觉自愿原则

大学生自我管理是学生自己管理自己的一种方式，从管理内容的制订、目标的确定到信息反馈、总结纠正等，都应由学生自己安排，要自觉自愿。当然，自觉自愿也不是放任自流，为了保证自我管理的正确方向，学生在自我管理时必须接受学生管理部门的指导和必要的约束。对集体自我管理来说，必须注意吸引全体学生参与管理工作，充分调动和发挥每个人的聪明才智。

（二）认识评价原则

大学生实行有效的自我管理之前，必须全面认识自己及其所在班组、学校乃至整个社会的现状。要参与就必须认识，同时，只有参与，认识才能更全面。学生自身的政治素质、文化素质、心理素质、身体素质和社会阅历是自我管理的内在条件，而班级、学校的状况、目标、任务、结构和功能，国家政策、经济、文化背景和社会规范等是自我管理的外在条件。只有正确认识社会、客观评价自己，才能使自我管理切合实际。

（三）严密性与松散性相结合的原则

所谓严密性，对集体自我管理来说，是指应当有相对稳定的组织、明确的宗旨、科学可行的计划和管理制度，有相对稳定、水平较高的骨干力量；对个体自我管理来说，则是指目的明确、计划周密、心理状态良好。所谓松散性，是指在严密性的前提下，对学生自我管理的时间、地点、参加人员、活动内容及形式可做一些选择。

这里的"严"与"松"是辩证统一的，如果没有明确的目的、严密的组织、严格的制度和较好的管理者，集体的共同利益就难以维护，教育目的也难以实现。因此，学生在自我管理中要强化集体意识，自觉服从、维护集体决议，积极做好集体工作，只有这样，才能保证学生自我管理沿着正确的方向发展。

同时，由于高校学生群体内部结构层次的复杂性，在保证集体利益和共同要求的前提下，要尊重学生的个性，促进学生个性的发展。同学之间提倡互相尊重、互相学习，在相互帮助中共同进步。

四、高校大学生自我管理的作用

学生自我管理渐渐成为高校大学生管理中重要的一方面，具有显著的作用。

首先，能够有效地提高大学生的主动性，增强学生解决实际困难的能力。自我管理是以大学生为主的管理模式，大学生扮演管理者和被管理者两重身份，学生主动参与管理，又接受来自自己的管理，充分体现了学生的主体性。

其次，有利于塑造大学生的独立性品质，增强学生的社会责任感。"自我管理"实质上是学生的自我约束。在高校规章制度的监督下，教师应提高学生的自我控制能力，提高学生的主观能动性，使学生在学习、生活中对自己负责，对他人负责，对社会负责。

再次，能够帮助学生认识自我，发展自我。"自我管理"是一种软性的管理，学生在进行自我教育的过程中能有效地弥补自身的不足，实现自我发展。

最后，有助于丰富学生的校园生活，增强学生的实践能力。学生如果进行自我管理，更能积极地去开展校园活动，进而增强交际能力，社会实践能力也会有所提高。

五、高校大学生自我管理的内容

大学生自我管理的内容是由时代对高校学生的要求和历史赋予他们的使命决定的，概括起来主要有思想素质、业务素质和身心素质三个方面的自我管理。它们之间是相互作用、相互渗透的辩证统一体。下面仅就业务素质的自我管理做简要阐述，具体如下。

所谓业务素质的自我管理是指学生在教师的指导下，通过积累知识、发展智力和锻炼能力而进行的管理。

第一，要树立正确的成才观。学生的成才不仅是由他的知识、智能决定的，更主要是由其正确的学习目的和勤于奋斗的精神所决定的。那些极端自私的人，那些从自我出发，把个人利益置于集体、国家利益之上的人，不但不能成才，还可能会成为社会发展的阻碍。只有那些具有远大理想和抱负的人，才能使知识、智能、素质、觉悟在自身得到统一；只有那些把自己的前途和国家命运、民族未来紧密联系起来的人，才会在事业中有所成就。

第二，要掌握学习规律，完善知识结构。学生的主要任务就是通过艰苦而复杂的脑力劳动，不断增长知识，提高能力，掌握学习规律，完善知识结构。课堂学习是学生接受知识和教育的主要途径。预习、听课、复习等是学生课堂学习的主要环节，也是学生加强自我管理的重要方面。一个人要获得真正的知识，必须具备两个条件，即书本知识和实践知识。学习实践知识，就要投身于实践，深入社会，在实践中积累和完善自己的知识。同时，还要完善和优化智能结构。智能是智力和能力的总称，是指一个人观察问题、分析问题和解决问题的能力。观察力、记忆力、思维力、想象力和操作力是智力结构的五个要素。

六、高校大学生自我管理的理论依据

（一）自我管理理论

德鲁克在1954年提出了自我管理理论。他指出，自我管理就是自己管理自己，包括对自己的情绪、行为、思维、目标以及自我激励和自我控制的管理。他指出，高效的自我管理者可以通过自己的学习、生活、情感管理认识到自己的优点和缺点，个人的精力应该用在自己擅长的方面，人只有充分认识自己的长处，才能根据自身情况，选择适合自己的职业。在他的著作《21世纪的管理挑战》中，他认为自我管理是应对不断变化的形势的唯一途径。

（二）人本主义理论

人本主义心理学是美国的心理学家马斯洛创立的，它起源于20世纪中叶，是美国当代心理学的主要流派之一。人本主义提出，人的一个基本需求就是充分发挥自我和实现自我，人是主动的、创造性的、能够对自己的未来做出主动选择的。其中，人本主义学习原理主张以人为本，强调在教学中以学生为中心，全面发掘和发展学生内在的潜力，关注学生的情感和心理活动，了解学生的需求。

人本主义教育理论强调为学生营造和谐民主的学习氛围；提倡师生间建立平等、合作的关系，师生间要互相尊重；注重训练学生的自主性、积极性以及创造性；重视提高学生进行自我选择和创造性解决问题的能力；主张学生学会迅速适应新环境，实现自己的目标。实施高校大学生自我管理，体现和继承了人本主义教育思想的精神要旨和教育要旨。

（三）建构主义学习理论

建构主义从认知发展的研究出发，随着研究者的不断探索，其内容也越来越丰富。其中，建构主义学习理论主张在教学中要以学习者为中心，鼓励学生自主自觉学习，独立探索并参与与学习有关的决策。

目前，一些教师错误地认为自主学习意味着让学生在没有指导的情况下自己学习，自己只注重活跃课堂气氛。从表面上看，课堂上学习气氛好像很活跃，学生们积极主动地参与学习活动。可是，如果进一步观察学生的学习情况，就可以发现学生们只是停留在热闹喧哗的形式中，没有对学习内容进行深入思考。

教师应该根据教学内容和学生的特点有针对性地设计问题，让学生通过活动认真探究、学会思考，并尝试着解决问题。教师可以根据学生的实际情况在学生思考和探究的过程中给予适当指导；还可以通过学生小组合作的形式组织讨论和交流，帮助学生获得知识。简而言之，在高校学生管理工作中以建构主义理论为指导，能使教师不断地提高自身能力，在教学中找到全新的适合学生的方法。学生在独立学习的过程中，为了达到学习目标，就要学会对自己的思想、行为、情绪进行有效管理，进而提升自我管理能力。

七、高校大学生自我管理的实现途径

学生是在家庭、社会和学校管理教育的引导、组织、指导下，进行自我规划、自我调节、自我教育和自我完善的。由于人和社会环境的复杂性，学生实现自我管理的途径、方法也是多种多样、纵横交织和不断发展变化的。

（一）加强学校民主建设

学校民主建设的本质是把广大教师、学生真正看作学校的主人和学习的主体。在学校提倡科学，崇尚民主，为师生创造民主参与管理的机会，让他们在工作和学习中感到自己是社会的主人，是学校的主人，激发起他们稳定的、持久的自觉性和主动性，这样，学校才能有凝聚力，才能树立良好的学风、校风。如果学校不能顺应和满足他们的心理要求，仍然把他们作为纯粹的管理对象，采取命令式的管理，那么只能压制学生的能动性，伤害学生的自尊心，其结果只会引起学生的不满。事实证明，良好的学风、校风的形成，主要不是靠行政管理的强制力量，而是靠群体的力量，靠群体规范和舆论这样一种无形的力量。因此，民主建设是学校培养人才的前提和保证，制度管理是加强高等学校民主建设、创造良好校园环境的保障。

我国高等学校的管理制度近年来逐步完善。这些制度明确了学生的道德和行为准则，为学校的日常教育、管理工作提出了一套章法。广大学生在思想教育和制度的约束中，只有不断调节自己的思想、行为，逐步把外压力变成内驱力，自觉遵守，自觉维护，才能取得显著效果。民主管理要公开、平等。学生主体意识、平等意识的增强，就要求学校的管理工作要公开、平等，以取得学生的理解、尊重和信任。公开即提高管理工作的透明度，平等即管理者与师生平等相处，真诚合作。

在管理中，学校要尽量为学生创造知政、议政和参与管理的场所和条件，扩大和完善学生参与管理的渠道，发挥他们在管理中的作用。学生参与学校管理有归属感和主人翁感，就能发挥集体的智慧，使决策更正确。同时参与管理也是调动学生积极性，培养学生能力，加强学生与管理部门联系的好办法。人是管理的核心，提高人的思想、道德、知识素质，是完善学校民主管理的首要条件。学校要重视思想政治教育课，充分发挥党团组织的作用，发挥管理者、教师的作用，鼓励学生参加教育改革，激励学生自爱、自强，采取各种形式帮助学生明确民主与集中、自由与纪律的关系，增强他们的强民主意识，使其树立正确的世界观、人生观、价值观。学生有了"精神能源"，学校民主管理才会有坚实的基础。

（二）搞好学生组织的建设

学生组织主要是指校、系、班级的学生会或班委会，团组织和其他社团组织。这些组织是学生自我教育、自我服务、自我管理的主要形式，也是学校做好学生管理工作的保证。

加强学生组织建设，要选好、用好学生干部。学生干部来自学生，他们既是受教育者和被管理者，也是学校管理干部的助手，还是学生活动的直接组织者和学生基层组织的管理者。要建设一个良好的集体，必须有一批优秀的学生干部，选好、用好学生干部对于开展学生管理工作至关重要。

加强学生组织建设，要发挥学生组织的教育、管理功能。学生组织是学校系统中的一个子系统，加强组织建设，目的就是要发挥其作用。在教育方面，学生组织可以通过组织学生学习理论知识、时事政治、业务知识，举办演讲会、座谈会、报告会，组织学生参观、访问、调查和参加劳动等活动，帮助学生共同探讨理想与现实、自由与纪律、民主与集中、权利与义务、学习与工作、事业与爱情、个人与集体等方面的关系。依靠正确的导向，在学生中形成追求进步、关心集体的舆论，形成刻苦学习、勇于进取的良好学风，形成遵守法律、讲究道德的文明环境。在管理方面，学生组织要依靠管理制度，配合教师和学校的管理干部，做好组织协调工作，提高管理效能。在服务方面，学生组织既要为学生服务，也要为学校服务。

加强学生组织建设，就要改进管理方法。方法是完成任务、实现目标所必不可少的手段，任何组织要实现管理目标，没有良好的方法，必然事倍功半。反之，管理方法得当，就会事半功倍。可见，采取好的管理方法，是提高效率的有效途径。学生组织的自我管理也不例外，一般来说，在学生组织的自我管理中，制度管理法、榜样示范法、正面激励法、民主管理法等都是不可缺少的部分。

（三）加强社会实践活动

加强社会实践活动，要做好教学过程中实践环节的自我管理。高校学生的根本任务是学习并通过学习提高自己的智力和能力，而教学过程中的实践活动正是学校为了使学生把所学到的知识运用于实践安排的。作为学生，只有较扎实地掌握本专业的基础知识、基本理论和基本技能，才能称为合格的学生。

加强社会实践活动，还要做好校内外的实践活动的自我管理。校内外实践活动是教学环节的开拓和延伸，也是充分发展学生爱好、特点和长处的途径。搞好校内外实践活动的自我管理须做到以下三点。一是根据自己的爱好和特长，参加学校的社团活动，培养自己的责任感，提升自己适应社会发展所需要的素质。二是积极参加学校开展的各种竞赛活动，在活动中培养自己的参与意识、竞争意识和集体意识，锻炼自己的组织能力和社交能力。三是充分利用假期，开展社会调查和各种形式的社会服务，在参与中了解社会，坚定信念，促进自身全面发展。

学生自我管理的途径和实现自我管理的方法有很多，不论采取哪种途径和方法，管理效果都取决于社会、学校的关怀和支持，同时也取决于学生自身的努力和修养。高校学生只有在学校、家庭、社会的教育、管理指导下，树立崇高理想，加强道德修养，善于学习，勇于实践，坚持把个人理想同社会需要、把个人命运同祖国前途结合起来，自我管理才能卓有成效。

（四）加强家校沟通

家庭与学校的沟通与合作是学生健康发展的重要环节，它在提升高校大学生自我管理能力方面起到了不可替代的作用。

一方面，家校合作可以有效优化教育资源，培养高校大学生的自我管理能力。对于高校大学生来说，学校是他们学习和生活的主要场所，他们的大部分时间都在学校度过。学校的教育环境、教师和同学是影响其发展的重要因素。虽然学校拥有众多的教育优势，但由于大班授课，缺少对每个学生心理状况的全面了解，家庭教育就成为学校教育的有益补充。

另一方面，家庭教育和家庭环境对学生的认知、个性和社会化等有很重要的影响。当然，家长也常常在教育子女的过程中因为缺少心理专业知识而出现偏差和失误。如果学校关心学生的全面发展，协助家长处理教育过程中出现的问题，家庭和学校密切合作，形成优势互补，就可以更加优化家庭和学校的教育资源。

家校沟通的方式多种多样，比如，建立微信群，教师和家长随时联系；定期开家长视频会，教师向家长汇报学生的在校学习生活情况；建立开放日制度，让家长与教师、学生和家长平等沟通。

（五）发挥家庭的作用

1. 营造和谐民主的家庭环境

家庭环境对一个人的健康成长有着非常重要的作用，和谐民主的家庭环境能促进学生的身心健康发展，有助于学生养成良好的学习和生活习惯，塑造健康的人格，有利于自我管理能力的培养。对于父母来说，首先应该改变传统的教育子女观念。父母对子女不再采用包办的方式，而是要信任自己的子女，给予适当的指导，并给他们足够的时间、空间和机会。不再包办不等于不闻不问、放任自流、漠不关心，而是父母子女间、家庭成员间要建立起相互尊重、相互关心、相互体谅的良好的平等的关系。对于家庭里的事情，家庭成员可以自由平等地表达自己的看法，家庭里多一些商量、多一些聆听，少一些争吵和矛盾，在这种家庭环境中生活的孩子会更乐观开朗、更独立，更有主见，有更好的自我管理能力。

2. 家长要树立榜样

父母是孩子的第一任老师，也是孩子的第一个榜样。蒙台梭利指出，孩子从出生起就有了"有吸收力的心灵"。他们在向周边人学习时也将父母作为榜样来模仿学习。父母以身作则、言传身教带给孩子的影响是非常大的。父母在日常生活中的一切积极的态度都对孩子有正面积极的影响。这种影响对孩子产生的教育效果远远高于别的说教方法。父母要想加强子女的自我管理能力，首先要学会自我管理，为孩子提高自我管理能力树立好榜样。

3. 家长要转变观念

家长要从思想上转变观念，家长对孩子的教育不能再以包办为主，而是要转变观念，由孩子自主决定，家长要适当放手。家长不可能永远生活在孩子身边照料孩子的生活起居，为孩子做决定解决问题，为孩子遮风挡雨，所以孩子从小要学会独立，能够独立生活，独立学习，独立处理事情。并且，家长必须要抛弃"万般皆下品，唯有读书高"的想法。家长必须对孩子的学习有一个正确的认识，学习不是整个生活，只是生活的一部分。家长在日常生活中要有意识地培养孩子的生活技能，比如安排孩子做家务，负责打扫房间，参加社区活动等。孩子在学会自理的过程中相应地就学会了自立，自我管理能力自然也会得到提升。

（六）营造良好的社会环境

1. 创设潜移默化的积极舆论

舆论环境是除了学校环境以外，给高校大学生带来最大影响力的附加软环境，舆论环境对高校大学生的影响是不容忽视的。一个正面积极的舆论环境对高校的教学环境和管理环境都有正面影响；一个负面消极的舆论环境则会给高校的教学环境和管理环境带来负面影响，甚至会影响学校的正常发展，严重影响学校的学生管理和学生的自我管理能力。

决策层可以利用各种媒体加强对自我管理能力的宣传，多宣传有助于使大众了解自我管理能力的作用并加以重视。学校教师也要引导学生在面对社会的各种舆论时，保持头脑清醒，不能盲目跟风，要有判断是非真假的能力，能够分辨出正确的信息。

2. 树立"见贤思齐"的正面典范

社会环境中最重要的因素除了自己之外还有别人组成的环境。人们生活在这个世界上，每时每刻都在受身边人或事的影响，而对于大学生，社会中正面的值得学习的榜样能使他们产生"见贤思齐"的动力。大学生正处于建立角色同一性的年龄阶段，这一阶段的大学生自我管理意识发展迅速，可塑性大。大学生在这个阶段学习榜样的意向很强，很容易把榜样当作自己发展的目标、发展的动力。这里的榜样不仅仅指学校的学习榜样，也包括社会中的榜样。学生通过学习榜样的优秀品质、良好作风、先进事迹受到激励和鼓舞，在学习生活中更好地约束自己，管理自己。

要营造良好的社会环境，可以从以下两个方面入手。一方面，利用各种途径在社会上加大对自我管理能力的宣传力度。有关部门可以利用多种宣传手段加大对学生自我管理能力的宣传力度。比如，在微信建立公众号推送关于自我管理能力的文章，发布对自我管理能力有利的信息；在小区和社区发放关于自我管理能力的宣传册子，使家长和学生在进一步了解后能更重视学生的自我管理能力的培养。另一方面，要在社会上树立正面的典范，使学生把这些典范视为自我发展的动力和目标，自觉积极地向这些典范学习，并在学习和生活中提高自我管理能力。

第二节 高校大学生管理工作的融入式手段

一、学生管理工作进网络

伴随着网络技术的根本性变革，它日益成为高校大学生获取知识和各种信息的重要手段。网络文化具有内容丰富、传播快捷、覆盖面广、难以监控等特点。

它是一把双刃剑，既给高校学生管理工作创造了良好的机遇，又使高校学生管理工作面临严峻的挑战。

高校应充分利用网络这一现代化手段，搭建起有效的信息网络，积极拓展高校学生管理工作的新领域；要因势利导，正确引导和教育学生正确使用计算机，真正提高大学生的网络知识层次和上网水平；要加强网络道德和心理素质教育，增强大学生的自控能力。

高校要定期举办相应讲座，对上网同学从思想上进行正反两个方面的教育，让他们知道在上网的过程中，什么内容是不健康的、什么行为是不道德的和违法的，增强他们的鉴别能力；要加强网络管理，严格入网要求，防止有害信息的侵蚀。

高校一方面要提高校园网主页的质量，另一方面也要加强与校外网吧的联系，帮助学生走上健康上网之路。要培养、建设一支精干高效的学生管理工作队伍。学生管理工作者应掌握信息技术，及时收集、分析、监控网络信息，发现学生关注的热点、难点问题，尤其是带倾向性、群体性的问题，进而采取有效措施，有针对性地做好工作。

二、学生管理工作进社团

校园文化是以学生为主体，以课外活动为主要手段，以校园精神为主要特征的群体文化。稳定和谐、健康向上的校园文化氛围，可以使大学生陶冶情操、规范行为、开启智慧，有一种归属感和安全感，有利于增强大学生客观认识自我、完善自我的能力。

应该说无论是早期的文学社、艺术团、学术沙龙，还是近期的公关协会、科技开发中心等，都是青年学生在不同层次需求的驱动下，展示才华、锻炼能力、加强联系、获得沟通的好场所，其中不少社团也是教育者理解学生、调适教育行为、提高教育效果的好渠道。

高校学生管理工作者应该充分利用社团，积极开展思想指导和管理工作。目前，校园社团文化建设中存在"三多三少"现象，即娱乐型的内容多，启迪型、思考型的内容少；各种社团名目多，而真正有吸引力的少；校内活动多，而能拿出去的东西少。究其原因，主要是社团文化活动的层次较低造成的。因此，高校应加强校园社团文化建设，努力提高社团文化建设的层次，使它接近或略为超过大学生的理解能力和欣赏水平，更适合大学生的口味。

要加强对学生社团的管理。学生社团是一种学生自我管理、自我教育的重要形式。学校要加强对社团组织的管理，使社团在开展活动时注意遵循以下原则。

其一，学生社团必须服从学校的领导和管理。学生社团应在法律、宪法和校纪校规范围内活动，不得从事与社团宗旨相违背的活动。

其二，学生社团邀请校外人员到学校开展学术活动，均应经过学校同意。

其三，学生社团面向校内的刊物，须经学校批准，并接受学校的管理。

要注意坚持开展校园社团文化活动的长期性与实效性。有些地方开展校园文化活动存在着节日时活动一哄而上，平时则活动寥寥的现象，或者活动只注重表面，仅仅追求轰动效应，摆花架子做表面文章，不注重学生从活动中获益，不考虑受教育程度如何，效果怎样，这样的活动与教育目标是背道而驰的，与我们校园文化建设的要求也是格格不入的，应该在工作中力戒出现。

三、学生管理工作进公寓

宿舍是几个人共同的温暖的家，是校园中最为舒适的地方。宿舍文化是几个人生活在一起逐渐形成的一种氛围、是几个人共同创造的独特个性，在校园文化中扮演着极为重要的角色。随着高校后勤服务社会化步伐的加快，学生公寓的环境氛围、公寓的文化设施和公寓管理服务的质量，以及公寓管理模式，对传统的高校学生管理工作提出了新的挑战，也给高校的稳定工作带来了新的问题。因此学生管理工作进公寓，是高等教育改革与发展的时代要求，是高校学生管理工作者的战略抉择。

学生管理工作进公寓，是一项全新的工作，也是一项艰巨的工作，管理者要根据当前学生公寓管理的特点，建立学生管理工作新的组织形式、工作机制。如辅导员进驻学生公寓，与学生同吃、同住、同生活；把学生党团组织建到公寓，充分发挥党团组织引导人、团结人、凝聚人的作用；建立学生公寓的自我管理组织，努力把学生公寓建成学生自我教育、自我管理、自我服务的场所；积极组织开展公寓文化建设活动，为学生管理工作创造良好的环境条件和氛围等。

学生管理工作进公寓，要特别重视加强对大学生集群行为的控制与引导。客观上，高校学生住宿的公寓化，容易引发学生的集群行为，而大学生的集群行为具有行为过程的失控性、行为后果的破坏性等特点。一旦对学生的集群行为失去控制，极易扰乱校园秩序。因此，一方面要教育引导大学生全面、客观、辩证地思考问题，另一方面要建立正常的信息反馈和对话机制，针对问题，因势利导，及时进行情绪疏通，加强对大学生集群行为的控制与引导。

第三节　高校大学生管理工作的激励管理手段

一、激励管理手段的理论基础

（一）激励的定义

激励一词最早源于心理学领域，意思是持续触发人的动机的过程，是一种能够让个体从清晰的目标到产生行为的潜在动力。在激励过程中，内在和外在的刺激触发，可以让人维持在持续兴奋的状态中，以更高的专注度完成任务。

目前关于激励理论的概述解释很多，在不同的文化背景和社会环境中存在一定的差异，国内外研究学者所涉的领域虽有不同，但对于激励的定义认知存在着一定的联系。

在国内，"激励"这一词汇最早源自《资治通鉴》，比如"将士皆激励请奋"中，"激"为激发、刺激的意思，"励"为奖励、鼓励的意思，所以早期"激励"是激发、鼓励、鼓动的意思。

在国外，"激励"这一词汇更多使用的是"motivation"，词根源于拉丁文"movere"，但也有人经常用"incentive"，两者存在一定差异，后者的准确解释为"刺激"，表达的是个体行为对刺激的直接物理反应，而"motivation"则表示个体存在众多需求，两者直接的区别在于诱因动机来源于内在还是外在。

尽管目前学界对于"激励"的研究和解释定义颇多，不同的领域未形成统一的清晰的定义，但综合以上论述，激励就是激发人具有积极行动的动力，能使人产生积极行为，提高效率。

（二）激励机制

激励机制是指一种工作系统，通过这个工作系统可以激发激励客体的能力，充分调动激励客体的积极性。激励机制的基本要素主要包括激励主体、激励客体、激励环境、激励原则和激励方式。

将激励机制引入并应用于高等院校学生干部中，就是指高等院校、学生家庭、外部社会要从大学生干部的实际特点和自身需要出发，通过有效的激励方法和手段激励学生干部提高工作的主动性、创造性，进而带动广大学生的积极性，充分发挥激励机制在高校的教育作用。

完善的激励机制，是通过建立科学的激励制度，充分激发被激励者的创造性，提高被激励者的积极主动性，实现组织团队的持续高效发展的。高校中的激励机制可以强化学生的动机，开发学生的潜能，使校园充满活力。

（三）激励理论

在激励理论的融合发展中，存在两种学术领域下的重要的激励理论，即经济学与心理学的激励理论，前者追逐个人行为的共性，后者追逐个人行为的差异。

心理学中关于人的激励发展过程，实际上是一种需要引起动机导致持续的兴奋而达到一种积极行为状态的过程。心理学上激励的理论体系，主要从处理需要、动机、行为和目标之间的关系来进行流程的建设。

简而言之，内容型理论解释了动机是什么，过程型理论则描述了动机是如何发生的。

1. 内容型激励理论

（1）马斯洛的需求层次理论

马斯洛的需求层次理论基于一个简单的前提：人类的需求是按照等级排列的，一旦生理需求得到满足，人们就会开始关注安全需求，在下一个层面上，社交需求指的是与他人建立联系、被爱和与他人形成持久的依恋的需求。尊重需求是指渴望被同伴尊重。最后，处于最高层的自我实现的需求指的是"成为你能够成为的一切"，这种需求表现为渴望获得新的技能，接受新的任务，并以一种能够实现人生价值的方式行事。

（2）奥尔德弗的 ERG 理论

奥尔德弗提出的 ERG 理论，分别是生存的需要、关系的需要和成长的需要。他观察到当较低的需求得到满足时，我们对它的关注度就会降低，较高的需求往往会变得更加重要，我们就会更多地追求它们。奥尔德弗认为人类的基本需求可以分为三类，即生存、关系和成长。生存对应于马斯洛的生理和安全的需求，关系对应于社交的需求，成长对应于马斯洛的自尊和自我实现的需求。

该理论还有一个"挫折—回归"假说，表明那些在试图满足一种需求时受挫的个体可能会倒退到另一种需求。

（3）赫茨伯格的双因素理论

赫茨伯格认为有些出自工作本身的因素可以构成对学生很大强度的情感激励，如工作上的成就感、工作本身的挑战性、工作的发展前景等，它们的改善可以激发学生的积极性和热情，具有较长效的情感激励效能，这些因素被称为情感激励因素；而有一些来自工作环境的因素，如酬金、地位、工作条件、与主管的关系等，当它们有缺陷或不具备时，会引起学生的不满，但改善这些因素也只能消除不满，不能使学生受到较大的情感激励，这些因素被称为保健因素。通常我们将前者看作内情感激励，而将后者视为外情感激励，这就是双因素理论。

（4）内容型激励相关理论的关系

需求层次的理论是ERG理论的理论基础，因而两者之间具有一些重要的相似性：安全与生理的需要构成了生存需要的基础；社交需要与关系需要相似；自我实现与尊重的需要则构成了成长的需要。这两种理论的主要区别在于：需求层次描述了一个满足后再上进的模式，而ERG理论则提出了一个动态的挫折后而弱化的模式。

上述两种需求理论的发展产生了双因素理论，双因素理论中的保健因素要求获得实现等同于在需求层次论中的安全与生理需求得到满足。

2. 过程型激励理论

（1）期望理论

弗鲁姆的期望理论结合了激励相关的理论成果，根据期望理论的说法，个人做出或多或少的努力的动机是由一个合理的计算来确定的，在该计算中，个人会评估自己的处境。该理论的公式表明，个人热情的大小取决于期望值和效价的乘积。对个人目标的了解越深入，实现目标的概率就越大，动力就越强，而且热情会更高。

（2）公平理论

公平理论又称社会比较理论，它是美国行为科学家斯塔西·亚当斯提出来的，侧重于研究工资报酬分配的合理性、公平性及其对职工产生积极性的影响的一种激励理论。公平理论认为，个人获得报酬的高低只是影响其工作积极性、主动性的一个方面的因素，个体更多的是会将自己的报酬与社会中同等阶层的他人的报酬进行对比，如果比较之后得到满足，即便报酬本身并不高，也会感觉公平，认为得到了肯定，而继续努力工作；如果比较之后感到不满，即便报酬本身已经很好，也会觉得没有得到公平的待遇。所以与他人比较后能获得满足感和公平感才能更有力地激励行为人的行动。

（3）目标理论

洛克的目标理论是一种综合动机的理论，该理论将目标视为行为的关键决定因素。目标理论可能是应用最广泛的理论，着重强调目标的特异性、难度和接受程度。目标本身就是动力，它可以将人们的需求变成激励动机，将人们的行动朝着特定的方向转移,将他们的行动结果与既定的目标进行比较,并及时进行调整和纠正以实现他们的目标。目标动机是将需求转化为动机,然后决定要采取哪些行动来实现目标的过程。

（4）挫折理论

挫折理论主要揭示了动机行为受阻且无法满足其需求的人们的心理状态。挫折具有双重性质:从积极的一面讲,它能让人们吸取教训,锻炼他们的意志;从消极的一面看,它会使人们感到难受、失望,甚至失落。该理论的核心要点是努力地采取行动将消极的行为转变为积极的行为和建设性的行为。

（四）激励的基本过程

激励的基本过程实质上是指激发人的动机的过程。动机是行为的先导,是行为个体引发并维持一定活动的一个心理状态,行为人做出一定行动的原因就是有了驱动力,有了干劲儿,继而朝向一定的目标前进。这个过程可以描述为,动机可以通过产生动力,进而引起人们的行为,维持并引导这一行为朝向预定的目标和方向前进。

激励是一个连锁过程,在这个过程中由需要出发,以满意为终点,通过激励行为连接两者,激励可以使行为人更加充满干劲儿,发挥潜在能力。即激发的一般过程为,需要—动机—行为,其中的行为是指向一定的目标的。

二、高校大学生激励管理手段应坚持的原则

激励是高校学生管理者需要掌握的最具有挑战性的技能,它既要基于高深的科学理论,又要具有艺术性,为使激励取得效果,必须掌握一些正确的原则。

（一）客观性原则

客观性原则是指学校在制订和落实激励制度的过程中,要立足学生的实际情况,遵循学生的身心发展规律和学校的教育规律,有针对性地进行激励活动,注重客观事实,避免主观随意。无论是学校激励的主体,还是学校激励的客体,都是客观存在的,学校管理者和学生的需求也是客观既定的,高校在制订针对学生的激励机制时要先全面了解学生、学生干部的需求、关注点,然后分层次、有目标地设置激励机制、提高激励效果。

坚持客观性原则应注意三个方面的内容:第一个方面,激励的主体,即学校的管理者和教育者要意识到客观事实的存在;第二个方面,在意识到事实存在的基础上,还要对事实进行全面系统的分析和研究;第三个方面,在经过分析研究的基础上确定事物的性质。

（二）方向性原则

所谓方向性原则，是指高校大学生的激励机制设置和实施要始终坚持正确的方向，着力调动高校学生的积极性、创造性。面向高校大学生的激励机制主要是为了最大限度地调动学生和学生干部的学习及工作的积极性，不断满足他们的合理需求，切实解决他们的实际疑难问题，但是又要高一层面，要引导大学生产生积极向上的行为。高校要明确向学生指出学校和社会提倡赞同的是什么，反对的是什么，要在满足学生不同需求的基础上具有方向性和指引性，即高校中的激励机制应该把学生内在的积极性引导到学校和社会所要求和期望的方向上，帮助学生准确定位和更好地成长。

人的需求是多样化的，学生群体同样如此，高校有必要正确引导学生的积极性和奋斗目标，避免目标不明确、落实不到位的现象发生。而一切积极性的动力源泉是人的需要，因此，高校要从学生的需求入手，了解学生的需求、尊重学生的需求，对学生合理的需求应满足，并引导学生将需求朝着正确的方向调节和升华。在高校大学生激励机制的设置和实施过程中，要始终坚持正确的目标导向，对学生的行为进行不断地修正与调节，控制和引导学生的各种需要，调动学生的积极性，在实施过程中及时反馈具体情况，总结经验教训，巩固激励效果，促进学生全面发展。

（三）公平性原则

心理学家亚当斯认为：在激励过程中，组织内个体的工作状态和积极性一方面会受其所得的绝对回报的影响，另一方面还会受到与他人比较之后的相对回报的影响，而且后者影响更大。一旦行为人觉得自己的回报与预期相比，或者与他人相比不对称，就会感到公平性不够，行为的积极性就会降低，激励效果就达不到最佳状态。因此，高校在设置激励机制时要注重公平，深入细致地了解学生的需求和关注点，尽最大限度做到公正无私，改善管理方式，提高管理水平，使激励过程有效完成。

为了使激励真正做到公平，首先，激励制度的制订要公平公正，并且以同样的标准平等对待每位学生。其次，激励的程度要适宜适当，无论是物质激励还是精神激励都应该有个合适的度。最后，要共同努力营造公平的氛围和环境，激励一般是对行为人行为的评价或评判，更是人们行为过程的综合体现。高校必须让学生站在同一起点上，从起点消除差异，做到真正的公平公正，确保激励条件、激励环境都是公平的。

（四）发展性原则

所谓发展性原则，是指激励机制的设计和实施是动态的，是一个发展的过程，要以发展的眼光和创新意识去认识学校的激励机制，并不断完善，不断根据实际情况进行调节，确保激励机制有针对性，高效运行。

发展性原则要求高校的管理者，也即激励机制的制订者，要用发展的思维和眼光看待学生的需求，理性看待不同学生之间存在的差异，深入分析，针对不同对象实施不同程度的奖惩激励措施，在实施某一具体的激励措施时，都必须从学校学生的实际情况出发，实事求是，着眼于学生这一激励客体的身心变化和需求变化，善于调动学生的创造性和积极性，结合内外界环境的有利因素，促使学生、学生干部进行自我调整、自我进步。

（五）系统性原则

激励是一种极为复杂的心理和行为现象，会受到学生个性差异、文化背景、组织环境及激励方法、手段等多方面因素的影响和制约。

因此，在激励过程中，必须坚持系统性原则，整体把握上述激励要素之间及要素与整体之间的内在联系，在发挥各个要素独特效用的同时，充分重视各种激励机制、相关因素、激励方法和手段的协调配合与综合运用，使激励系统的总体功能达到最优。

（六）差异化原则

在高校中，每一个学生作为相互独立的个体，其需要结构、个性特征、能力素质都存在不同程度的差异，同一种激励方式或手段作用于不同的学生，甚至不同的环境和时期，都会引起不同的反应与效果。

因此，在激励中必须采取差异化原则，根据对象和环境的差异采取相应的激励方法和手段，以求达到最佳激励效果。

（七）适时适度原则

所谓适时适度原则，应用于学校，是指学校激励者要在一个恰当的时机对被激励者实施激励，即恰逢其时，而且激励的程度要恰如其分，从而确保激励会收到较好的成效。

研究表明，激励进行得越及时、程度越恰当，有效率就越高。如果激励实施得正是时候，有效率可高达80%；如果激励实施滞后，有效率不足10%。因此，适时适当地激励的效果才最好。而相较于企业激励，学校激励更强调时机和程度的恰当与否，学校激励的实施必须要把握时机，不能提前也不能延后，而要在最佳时机及时进行，激励的程度也要适当，这样效果才会好。否则，激励就不能有效发挥作用。

激励机制的适时和适度是互相联系和相辅相成的。只有适度适时并存，不分先后主次，才能最大限度地发挥激励的作用。

（八）规范与教育相结合的原则

所谓规范与教育相结合的原则是指一方面调动学生的学习积极性，另一方面把学生的行为控制在合乎学校规则的范围内，要把针对学生的激励与教育和学生行为相对应。

一些不适当甚至过度的激励行为，比如大量大额向学生发放奖金和财物，过分鼓动学生重视和追逐名利，都是与教育的本意相违背的。又比如对于学生发生的违规情形，不分具体情况一味进行严惩，也是违背教育原则的。因此，规范与教育相结合的原则就是要求学校的规范制订要具有权威性，制订激励制度时要以国家的法律制度和政策法规为基础，并结合学校的相关规章制度和实际情况，要经过多方认可，不能主观臆断。

此外，学校教育应具有科学性、针对性和艺术性。在学校激励机制的设计和实施过程中，要充分挖掘学生的潜力，调动学生的积极性，学校管理者和教师要有计划、有层次地去认识和研究学生的心理状况。

最后，规范与教育是分不开的，是一个有机结合体，用规范去约束、引导学生，这其实也是一个教育学生的过程，而教育的方式与方法也要遵循一定的规范。

（九）物质激励与精神激励相结合的原则

实践证明，物质激励与精神激励是互为条件、相互作用的。只有将二者有机结合起来，才能达到激发学生积极性的目的，削弱其中任何一方都会降低激励效果。

因此，学生管理者在实施激励的过程中，一方面要运用奖品、奖学金等物质激励手段，通过满足物质需求来调动学生的积极性；另一方面，要高度重视精神激励手段的作用，满足学生尊重、发展、成就等方面的精神需求，从而形成更为强大、持久的激励力。

三、高校大学生激励管理手段的主要模式

高校大学生激励管理手段的模式有多种，高校管理人员、教师在多年的实践中总结摸索形成的相对稳定和广泛的激励方式，以下介绍颇具共性的两种模式。

（一）思想激励

从引导行为人的起点划分，激励可以分为外在激励和内在激励两种形式。外在激励的表现形式主要为一系列行为规范，对个体的影响也是通过周围的环境条件来改变的，比如通过建立和执行一些规章制度，来强化或者削弱行为人的某些行为。内在激励则是指通过诱导、启发的方式，激发行为人的主观能动性，提高行为人的行动自觉与热情，充分发挥行为人的潜力。

思想激励具有内在激励和外在激励的双重属性，是指通过深入细致的思想政治工作激发学生奋发向上的内在动力，振奋学生的精神，鼓舞学生的斗志，充分调动学生的积极性，使其保持乐观向上的精神面貌，从思想层面认同学校的理念，形成持久的动力。

思想层面的激励方法主要包括目标激励、情感激励、榜样激励，目标激励和情感激励，这些都属于通过思想教育，晓之以理、动之以情的内在激励，行为人受到触动之后就会从思想上提高认识，增强信心，明确目标，提高行动自觉性。

思想层面的激励会调动学生的积极性，使其提高主观能动性，凡事积极主动，有上进心和进取心，在学习中踏实认真，热情主动，尽职尽责，本本分分，有责任感、使命感，富有创造性。

此外，思想激励是物质激励和精神激励的有机结合，更偏重于精神激励。行为人首先具有物质需求，在物质需求得到满足之后才会追求精神层面的满足，物质需求是基础，精神需求是物质需要的补充和发展，它建立在物质需要这一基础之上，高于物质需求。

在资源逐步丰富、生活条件不断改善的基础上，人们的物质需求不断得到满足，在精神层面也逐步产生多样化的高标准需求，而激励，尤其是思想激励在满足人们物质需求的基础上，可以很好地满足人们的精神需求，给行为人较高的满足感。

思想激励侧重于内在激励，侧重于通过深入细致的思想层面的教育，提高行为人的思想认知，通过不断的内在激励而到达自我激励。由此可见，思想激励不仅要对被激励者的内在需求和外在需求、物质需求和精神需求进行了解，还要引导被激励者产生更高层次的需要，提高激励客体的思想水平，使其主观上具有积极性、上进心，从而达到良好的激励效果。

（二）校园文化激励

作为一种群体文化，高校校园文化是在教学过程中经过探索和积累所创造和形成的校园物质文化、校园精神文化、校园制度文化和校园行为文化的总和。

校园文化的精髓部分体现在校园精神文化，精神文化包括教师和学生两个群体共同的理想信念、价值观念，优良的学风、校风等精神因素，能够保证高校教书育人目标的实现。此外，良好的校园文化能使学生从中找到表现自己和发展自己的动力和氛围，认识到自己的价值并不断挖掘，从而树立自信心、获得荣誉感。

良好的校园文化可以从内在影响学生，陶冶学生的情操，规范学生的品行，引导学生的行为。

良好的校风、学校形象可以满足学生的精神需求，能对学生产生潜移默化的影响。某种意义上，校风代表着学校的形象，是一种精神氛围和学校的核心竞争力，学生身处这种良好的育人环境中，身心健康，心态端正，能够主动遵守学校的规章制度，推动学校的发展。而且现阶段，高校的数量迅速增多，投资主体多变，面临严峻的竞争形势，这个时候，良好的学校形象就显得非常重要，如果不能适时适当地规划学校形象，就不能得到学生和家长的青睐，不能得到投资者的认同，不能激发学生的主动性，不能实现学校的可持续发展。

四、高校大学生激励管理手段常用的方法

激励是高校学生管理必不可少的手段。所谓激励，是指激发人的动机，诱导人的行为，使其发挥内在的潜力，为实现所追求的目标而努力的过程，其实质就是调动人的积极性。激励方法是否得当，直接制约着高校学生管理工作效率的高低，因此从某种意义上说激励是高校学生管理工作的核心因素，地位举足轻重。管理者必须有效发挥激励作用，掌握激励艺术，促进大学生全面发展、健康成材。常用的激励方法有以下几种。

理想激励法，即通过唤起大学生的理想追求，鼓励大学生为实现自己的人生理想而努力学习和工作，这种激励法可以增强大学生的自豪感。

目标激励法，即引导大学生不断朝着制订的目标奋进，使他们感到学习工作有奔头，这种激励法可以增强大学生的责任感。

信息激励法，即帮助大学生明确自身的实际情况，从而引发大学生的危机感，增强其紧迫感，使其更加努力朝着目标奋进。

榜样激励法，就是培养大学生自觉遵守道德规范，形成具有时代精神的大学生风范的有效手段和重要方法。榜样的作用可以增强高校大学生的活力和凝聚力，提高大学生的素质。榜样是在道德实践中产生的，一般情况下，榜样的形象是完美的，值得每个社会人追求效仿和学习跟进。榜样具有感召力，是一种精神，可

以带动社会良好氛围的形成,而榜样激励是为学生提供行为示范的有效手段,可以促使学生身体力行。

奖惩激励法,就是指通过鼓励人们符合要求的积极行为,限制人们不符合社会期望的错误行为,来引导人们采取正面行为的激励措施。其中奖惩,就是通过一定的物质方式或者精神方式,对行为规范、目标明确、表现优秀、达到管理要求的人或事给予肯定;而对于消极懈怠、不积极进取,甚至违反管理制度、表现差的人或事给予否定,进行批评教育,甚至进行惩罚的一种方法。

在运用激励法时要因人、因事、因地灵活运用,并且要讲究时机、适度运用。这样我们的管理就会取得更好的成效,管理水平也会自然而然地提高。

第六章 高校大学生管理工作体制创新

本章分为高校大学生管理工作的基本体制、高校大学生管理工作体制的特点、高校大学生管理工作体制创新的策略三部分，主要包括高校大学生管理工作体制概述、高校大学生行政管理体制、高校大学生思想品德教育管理体制等内容。

第一节 高校大学生管理工作的基本体制

一、高校大学生管理工作体制概述

（一）高校大学生管理工作体制的层次

高校大学生管理工作体制主要包括机构建制、各机构间职权的分工协作、领导和管理的原则、规章制度等。学生管理体制是实现学生管理目标、实施具体学生管理措施的保证。

按照系统论的观点，学生管理体制应是一个系统结构，它既是学校管理体制的子系统，同时自身又是一个完整的系统。但是不管学校的管理体制发生怎样的变化，学生管理体制应具有四个层面：决策、协调、实施和操作，而且四个层面呈正三角结构，形成一个稳定的管理系统。

1. 决策层

所谓决策，就是"人们在行动之前对行动目标与手段的探索判断和选择"。"从管理者的角度而言，决策是其管理工作的核心的、基本的要素。"决策在管理体制中具有重要作用，美国梅隆大学教授、1978年诺贝尔经济学奖获得者西蒙提出"管理就是决策"。这一论断体现出了决策在管理中的重要地位。

从学生管理体制而言，决策层主要是对学生的思想动态、管理工作的发展和走向进行预测分析，在此基础之上，形成学生管理的方案，交由职能部门及领导层做出学生管理的决策。高校学生管理决策大约有以下几个步骤：发现问题—

确定目标—拟订方案—选择方案—执行方案—检查评价和反馈处理。这里的目标包括学生管理的总体目标、阶段目标等。决策层将决策交由协调层去贯彻协调。

2. 协调层

学生管理工作与其他校内管理工作不同，是一项牵涉校内诸多部门的工作。因此，搞好协调工作显得尤为重要。协调层将决策层的决策具体化为指令信息下达到下一层次，同时，及时将有关信息传递给横向的有关部门。有时协调层是由若干部门共同构成的。

3. 实施层

由协调层传来的指令性信息到达实施层实施，即可视为进入实施阶段。实施层的任务是将这些信息"内化"为切合本单位（系、科、班级等）实际的实施信息，以推动操作层的正常运转。

4. 操作层

操作层是学生管理体制中的基层，任务也是最繁重的。其职能为接受上层的指令，完成各项学生管理的任务。为了充分发挥学生管理体制在学生管理工作中的效能，四个层面在具体运行过程中还应注意以下几点。

第一，必须明确各个层面的职责。一般情况下，层面不宜"越位接球"，应做到各司其职，各尽其能，互相配合。

第二，每个层面内部和四个层面之间应建立起畅通的信息传递、反馈通道，以保证上下层面和同一层面不同部门之间的信息交流。这里的信息沟通不一定逐层进行，有时也可以跨层沟通。

第三，各个层面的人员配备应符合精干适用、人尽其才的原则，建立起一支强有力的学生管理队伍。

（二）高校大学生管理工作体制的变迁

1. 探索期：改革开放前

改革开放前，高校学生管理体制属于构建的"探索期"。总体上，这一时期的高等教育办学体制与计划经济相适应，这种教育与国家建设高度一体化的教育体制将高等教育人才培养统合于计划经济体制之中，高校学生管理工作受政治因素影响较大。一方面，学生学习的物质条件得到了国家无偿保障；另一方面，学生也失去了学习选择和自主就业的自由。可以说,改革开放前的高校学生管理体制伴随高等教育社会主义办学方向不断探索的道路前进,教育的上层建筑观一直影响着高校学生管理工作的开展。

2. 形成期:改革开放后至 20 世纪末

改革开放促使我国社会主义的建设和发展取得了辉煌的成就,改革开放后至 20 世纪末是我国教育系统大发展的时期,也是高校学生管理大变革的时期。这个时期是高等教育的复兴时期,教育部门逐渐纠正了片面强调政治挂帅的一系列错误做法,高校学生管理通过体制建设,宣传坚持以德育为主,强调以人为本的理念,从学生的生活实际出发,全面深化改革,为我国高校学生管理工作开创了新的局面,中国特色社会主义性质的高校学生管理体制初步形成。

这一时期可以分为三个阶段。改革开放后至 1985 年为第一阶段,高等教育发展的主要目标是加速高教发展,进行高教结构改革。1983 年 4 月 28 日颁布了《关于加速发展高等教育的报告》,在强调扩大规模的同时,国家还相继颁发了一些有关改善高等教育结构及广开学路的重要文件。1985 年后至 20 世纪 90 年代初为第二阶段,主要目标是稳定办学规模和层次,以教育体制改革为核心,全面深化高教管理体制改革。通过颁布一系列的方针政策促进高等教育的发展,如《中共中央关于教育体制改革的决定》《高等教育管理职责暂行规定》。20 世纪 90 年代可以列为第三阶段,国家教委召开了第四次高等教育会议,提出了高等教育改革的基本设想。1993 年,中共中央、国务院发布了《中国教育改革和发展纲要》。从此,中国高等教育的发展脱离了"条、块"自成体系的高教管理体制,遵循适应社会主义市场经济体制的要求,高校学生管理开始了新的一轮改革。

二、高校大学生行政管理体制

建立一套完整的大学生行政管理体制是做好大学生管理工作的重要保证。

高校的整个行政管理体制是一个大的系统工程,而学生行政管理体制,只是整个系统工程中的一部分。

它的历史和现状,今后的发展趋势等,过去研究得甚少。今天,为了使整个学生行政管理工作能跟上形势的发展,适应实际工作的需要,我们有必要对学生行政管理体制做初步的分析,以加强体制的建设,逐步提高学生行政管理工作的水平。

（一）行政管理体制的历史与现状

1. 高校学生行政管理体制的内涵

为了正确认识学生行政管理体制的历史与现状，首先有必要正确地了解学生行政管理体制的内涵是什么。简而言之，体制包含机构设置与权限划分两方面的内容。学生行政管理体制，主要体现在学生行政管理工作的机构设置与权限划分两个方面。

2. 高校学生行政管理体制的历史回顾

在1965年以前，高校基本上实行"一长制"，高校的管理制度，包括学生行政管理制度，原则上与当时企业的"三级一长"管理制度相同。学校由校级、系级、年级（班级）三级组成，校长、系主任、年级主任（班主任）在各级发挥管理职能。后虽几经反复，但在组织机构的设置上，基本上无重大变化，组织机构的基本形式是采取"直线职能参谋组织形式"。

当时，校级行政管理机构中，原独立的学生行政管理部门，每个行政处均兼有管理教职工和学生的行政职能。如学生的教学管理由教务处负责；学生的生活管理，由后勤系统的总务处负责。负责学校招生、毕业生就业的，各校又不尽相同，有的学校招生由招生办公室负责，有的由教务处承担。而学生的毕业就业，有的学校由教务处负责，有的学校由人事处承担。学生的学籍管理内容，包括奖励与处分，由教务处的学生科负责。

系级的学生行政管理机构，主要由系办公室负责履行行政管理职能。

年级（班级）没有专门的行政管理机构，主要由政治辅导员充当学校中最基层的行政管理机构的代表。他们集教育、管理于一身，构成了学校最基层的学生行政管理机构。当然也有的学校在班级里配备了教务员，负责学生的教学行政管理工作。

当时高校虽无专门的学生行政管理体制，但已具备各级机构，由其兼管学生行政管理工作，承担各种职能权限，形成了适合当时情形的学生行政管理体制。

3. 高校学生行政管理体制的现行模式

随着教育事业的发展，学生行政管理体制不断完善。高考招生制度的恢复、高等教育事业的不断发展使高校的规模得到了扩大，高校的领导体制，包括学生行政管理体制也发生了变化。

（1）散在模式

学生行政管理工作由学校各部处及有关机构各司其职，实施行政管理的职能。

这一模式，在校级、系级、年级（班级）三级组织机构设置方面，沿袭历史上的"直线职能参谋组织形式"，一般来说，未增设新的行政管理机构。但在职能和权限划分方面，分权化的组织管理制度的强化，促使整个行政管理工作有规律、有节奏地顺利运转。

（2）专兼模式

学校建立了学生处，成为开展学生行政管理工作的主体之一，而其他各有关部处，兼有学生行政管理职能，整个学生行政管理工作呈现专兼结合、齐抓共管的局面。这一模式，在校级建立了专门的、独立的学生行政管理机构——学生处。系级学生行政机构的设置，各校情况不一，有的学校在系级设立了学生办公室，专门负责学生行政管理工作，有的学校其系部行政机构设置维持原状。在年级（班级）基层组织一级仍由辅导员（或班主任）负责学生行政管理工作，少数学校在年级设立了学生办公室。

目前，全国有许多高校采用这一模式，在校级设立了学生处。但在学生处的职能和权限划分方面不尽相同，大体上有三种情况。

第一种情况，学生处不仅负责学籍管理的全部行政工作，还作为职能部门负责"奖励与处分"，配合有关部门负责"课外活动""校园秩序"的行政管理，并承担每年的招生工作与毕业生分配工作。

第二种情况，学生处负责"学籍管理"中的大部分内容，还负责每年的毕业生分配工作，而招生工作则由招生办公室承担。有关学生的教学管理，如成绩考核与记载工作、升级与留降级工作等由教务处负责。其他的权限划分同第一种。

第三种情况，学生处除负责与第二种情况相似的职能外，还负责学生部分的生活后勤工作，如宿舍管理等。

（3）复合模式

学校在校级建立了学生部和学生处，部处合一，实行"一套班子、两种性质"的工作模式。

这一模式，有的大学在系级设立了学生办公室，主管学生行政管理工作和思想政治教育工作，有的大学视情况设立了学生年级办公室，负责本年级的学生行政管理和思想政治教育工作。

（4）各部处模式

学校建立了学生工作指导委员会或学生工作领导小组，委员会下设实体性的机构——学生工作办公室，办公室兼有协调、指挥各部处执行学生行政管理工作的职能和开展思想教育的职能。而各部处在学生工作办公室的指导下，照常履行原来承担的有关行政管理工作的职能与权限。系级、年级的机构设置无重大变化。

上述模式有两个特点：一是管理机构的组织形式均采取"直线职能参谋组织形式"；二是侧重分权管理形式。

（二）行政管理体制的模式特点

1. 散在模式的特点

采用这一模式的高校，多数是在校学生数不太多，校领导有较多精力关心学生工作，各级学生行政管理机构的干部配备情况较好。

（1）采取"直线职能参谋组织形式"

这一模式中，校长是唯一的行政负责人，有全面的领导和指挥权，对一切工作都负有全面的责任，在业务上负有指导下属部门的权力和责任。各级组织在行政上相对独立，可充分发挥主动性。这样既保持了统一领导，又充分发挥了各职能部门的积极性和主动性。

（2）重视分权管理制度

在新形势下，为了适应学校管理的要求，学校将有关行政管理权限下放，如学生行政处分权，记过以下的处分由系级部执行；如学生的奖学金金额，部分单项活动的奖励及补助系级部有权决定，这也有利于调动各级组织的积极性，从而促进行政管理工作高效运转。

（3）兼容一体，易于协调

这一模式无新机构设立，许多相互交叉、相互渗透的工作，依然由原来的部门负责，便于配合，易于协调。

2. 专兼模式的特点

专兼模式是从散在模式发展而来的，因此，它们之间特别是在权限划分上有许多相似之处。由于在校级建立了学生处，在较大的系级建立了学生办公室，所以学校中出现了学生行政管理体系，同时，也明显地反映出以下几个特点。

（1）学生工作统筹安排，全面协调能力增强

专管学生工作的学生处对学生行政管理工作负有全面关心、通盘考虑、及时汇总、向上报告的责任，并能在校长的领导下，及时协调各行政部门工作中出现的矛盾。

（2）学生行政管理工作的应变能力增强

在新的形势下，学生行政管理工作不仅要有正确性、规范性，还应讲究时效性。建立了专门的学生行政管理工作体系，就能有一批长期专门从事学生管理的工作人员，他们能正确地掌握党的方针政策，遇事能及时向领导提供各种选择方案。

3. 复合模式的特点

复合模式由专兼模式进一步发展而来。由于学生处和学生工作部实现了两块牌子一套班子，因而它有一个明显的特点，即实现了学生思想政治教育和学生行政管理的结合，改变了长期以来行政管理和思想政治教育相分离的状况，使对学生的言和行、想与做的教育统一在一个部门，使学生的学籍管理、课外活动管理、奖励和处分等学生管理主要内容的执行，基本上是由一个职能部门来承担。

4. 各部处模式的特点

各部处模式既同散在模式相似，又同复合模式相近，它唯一的特点是集指挥和执行于一身。由于它有居于部处之上的职能部门——学生办公室，所以既可以指挥各部处，又能协调各种关系与矛盾；既能够抓行政管理工作，又能抓思想政治教育工作。

三、高校大学生思想品德教育管理体制

总的来说，我国的高校学生思想品德教育实行的是综合管理体制，这种体制主要由几种制度构成。

（一）专职干部责任制

学生专职干部在学生思想品德教育管理中发挥着不可替代的作用。

学生专职干部主要指担任党团职务、专门从事学生教育管理的干部，包括学生工作部（处）或宣传部、校团委的干部，各系主管学生工作的党总支（分党委）副书记、团总支（分团委）干部等。专职干部一般按学生人数的1∶150配备，不足150名学生的单位可根据实际工作情况考虑。专职干部在学校党委的领导下，具体由学校主管部门和各系党总支共同管理。他们除根据实际表现和工作需要晋升职务外，作为学生的思想品德课教师在晋升专业职务方面与其他业务教师享受同等待遇。

1.专职干部的职责

①开展学生思想和学生工作的调查研究,根据全局形势,结合学校的实际,进行正确决策,保证学生思想品德教育管理工作的整体性与系统性。

②负责安排、协调、组织开展党团教育、政治学习等各项活动。

③按照教育部的要求,专职干部要讲授或辅导思想品德课,并负责组织形势教育、大学生思想修养、人生观教育、法制教育、职业道德教育、毕业教育与就业教育等思想品德课的教学工作。

④负责指导年级主任、兼职辅导员(或班主任)、研究生政治导师的工作,包括制订工作计划,提供有关信息和教育材料,以及负责评比优秀教育工作者等。

⑤负责指导学生干部的工作,关心学生干部的培养教育,指导团组织、学生会开展各项教育管理活动。

⑥依靠年级主任、兼职辅导员(或班主任)、研究生政治导师和学生干部正确执行有关学生的各项政策,指导并做好学生的思想品德考核、毕业鉴定与考核、三好学生、奖学金、优秀学生干部、优秀团员、先进班集体的评定以及贷学金的评定等工作,负责做好学生的就业及派遣工作。

2.担任专职干部应具备的条件

专职干部主要从毕业生或青年教师中挑选,必须具备以下几个条件。

①坚持四项基本原则,积极拥护并贯彻党的路线、方针、政策,在政治上同党中央保持一致,一般要求是中共党员。

②热心思想工作,热爱、理解、熟悉青年学生,善于联系群众,作风正派,办事公正。

③具有一定的社会工作经历、组织管理能力、表达能力和调查研究能力,能独立开展工作。

④具有大学本科以上文化水平,业务成绩优良。

(二)指导教师责任制

教师在教育学生的过程中起着主导作用。调动教师教书育人的积极性是抓好学生教育管理工作的关键。除了要求所有教师在教学过程中为人师表、严格要求、注重学生思想品德教育之外,这里说的指导教师责任制,是要求一部分教师在完成自己教学、科研工作的同时,承担一个年级或一个班的学生教育管理工作。指导教师包括年级主任、兼职辅导员(或班主任)、研究生政治导师(以下统称指导教师)。

指导教师中的兼职辅导员或班主任可以采用分段制(即一、二年级为一段,

三、四年级为一段），也可以实行四年一贯制。人数在 120 人或 120 人以上的年级应配备年级主任，负责组织、协调本年级的工作，不满 120 人的年级可根据情况按专业或系配备年级主任，年级主任在任职期间以学生教育管理工作为主，也可适当担任少量的教学、科研工作。研究生政治导师以研究生人数 1：40 配备，其待遇与业务导师相同。

指导教师由学校人事处、宣传部、教师工作部门、学生工作部门和所在院系党总支组成领导小组共同管理。人事处负责把指导教师的工作表现与教师出国、进修、晋升专业职务等挂钩；宣传部负责指导教师的自身提高、评比先进等；教师工作部门负责把指导教师的工作表现与课时酬金的发放挂钩；学生工作部门与所在院系党总支负责对指导教师的工作进行指导与考核。

指导教师由教研室负责考察挑选，由系党总支审核，报学校批准并颁发聘书。聘期一般为两年一期，可以连聘连任，无特殊情况未经批准不得随意更换，以保证工作的连续性。

1. 指导教师的职责

①努力贯彻党的教育方针，严于律己，言传身教，引导学生全面发展。

②负责指导学生团支部、班委会开展各项有益的活动，负责组织本年级（或班）的政治学习、班务会议，保障学校各项教育管理计划、措施、制度在基层的贯彻落实。

③负责执行本年级（或班）学生的思想品德考核，推荐免试研究生，对发展学生党员提出建议和意见。

④指导学生开展业务学习、课外科研、学术交流等活动。

2. 担任指导教师应具备的条件

①坚持四项基本原则，热爱党的教育事业，品德高尚，作风正派。

②有一定的社会工作能力，责任心强。

③有一定的学术水平，教学效果好，在担任指导教师期间，负责本年级（或班）一门业务课的教学工作。

建立指导教师责任制是发动教师做好学生教育管理工作的重要措施。由于大多数教师都有自己的教学科研任务，加上学生工作投入大，收效慢，工作难度大，耗费时间多，大学里许多教师不愿意担任指导教师。造成这种状况的原因是多方面的，高校应制订具体的措施，在政策上解除教师的后顾之忧。只有把教师的积极性充分发挥出来，把思想品德教育作为全体教师自觉的行动，高校学生工作才能创造崭新的局面。

（三）学生自我教育与管理制

学生自我教育与管理制包括学生党团组织制度，学生会组织管理制度，学生社团及刊物管理制度，学生勤工俭学、社会实践管理制度，学生业余文化、体育活动管理制度，学生寝室管理制度等。上述制度由学生团组织、学生会在专职干部的指导下制订，并负责检查、总结、修改、完善。各系团总支（或分团委）、学生会在执行过程中应联系本单位的实际情况，在不违背学校团组织、学生会制度原则的情况下，可以进行适当的调整，作为学校制度的完善与补充。

1. 学生干部的职责

①学生干部所担任的各项工作，既是服务工作，又是学校不可缺少的教育管理工作，他们都应在工作中认真贯彻党的路线、方针、政策。

②学生干部在自己所管辖的范围内，应大胆行使职权，弘扬正气，打击歪风，批评不良行为。

③对学生的思想品德考核以及三好学生、奖学金的评定等，向专职干部、指导教师提出建议和意见。（专职干部、指导教师及学校有关部门应尊重学生干部的意见，在加强指导的同时，放手大胆地使用学生干部，充分发挥学生干部在教育管理中的主人翁作用。）

为了让更多的学生参与学校的管理工作，发挥大家的积极性，学生干部一般不兼职，有条件的班级、系可实行干部轮换制，以便使更多的学生得到锻炼。

2. 学生干部应具备的条件

①拥护党的路线、方针、政策，积极进取，坚持德、智、体、美、劳全面发展。

②热心为同学服务，工作认真负责，积极肯干，作风正派，在同学中有较高威信。

③学习勤奋刻苦，学习态度端正，学习成绩优良。

凡是受到学校通报批评以上处分的学生，凡是学习成绩较差或有功课不及格的学生不宜担任学生干部。

四、高校大学生组织管理体制

（一）党团组织的管理体制

1. 党支部

党支部是高校最基层的党组织，职责是宣传、执行党的方针、政策和上级党组织的决议，团结师生员工，保证教学、科研等各项任务的完成。

2. 团支部

团支部是共青团在大学中的基层组织。其主要任务是，在学校党组织和上级团组织的领导下，用马列主义、毛泽东思想、邓小平理论、"三个代表"重要思想、科学发展观及习近平新时代中国特色社会主义思想教育武装团员、青年学生，坚持党的基本路线，全面贯彻党的教育方针，以培养"四有"人才为目标开展团支部的各项活动。

（二）社团组织的管理体制

大学生社团是学生根据自己的爱好和成才需要，自发组织起来的组织。它以培养学习兴趣、增长知识、提高技能、陶冶性情为目的，可以打破年级、院系和学校的界限，团结兴趣爱好一致的学生，使其发挥特长，开发智力，健康成长。

大学生社团活动有其自身的特点，一般来讲，学生社团的成员是自由结合的，坚持自觉自愿的原则；在大学校园，学生社团的形式是多种多样的，活动的内容也是丰富多彩的。

第二节　高校大学生管理工作体制的特点

一、高校大学生管理工作体制的指导思想特点

（一）马克思主义理论指导着高校学生管理工作

1. 关于人的全面发展的理论

培养有理想、有道德、有文化、有纪律的全面发展的高级专门人才，是我国社会主义大学的根本任务。我国社会主义大学的性质决定了我们必须确保学校培养出来的毕业生，不仅要有扎实的科学文化知识和健康的体魄，而且必须具有高度的社会主义觉悟，也就是要有理想、有道德、有文化、有纪律。要培养这样的新人，就必须按照马克思主义关于人的全面发展的教育思想办教育。马克思主义教育思想的核心就是关于人的全面发展的学说。培养德、智、体全面发展的建设者和接班人的教育方针，是对这一理论精髓的具体运用。邓小平同志说过，各级各类学校都要培养有理想、有道德、有文化、有纪律的人才。这些理论都是对马克思主义关于人的全面发展的学说的继承、丰富和发展，是党和国家的教育方针的具体化。我们要把培养全面发展的"四有"人才作为我们的根本任务和落脚点。

2.关于辩证唯物主义的理论

用对立统一观点指导高校学生管理，在管理中坚持整体观。马克思主义的认识论和方法论，渗透于所有社会科学和自然科学之中，所以，也同样渗透于高校学生管理科学之中。在纵向上，坚持整体观就是坚持局部与整体的统一，从学生管理工作的整体系统看，组成这个有机整体的各部分又都是一个支系统，是局部。学生管理系统的整体功能是由各部分的组合形式决定的，虽然支系统都各具有特定的功能，但它们都应服从学生管理系统整体的目的和功能，各个支系统的要素都是为了整体目的而建立的。在横向上坚持整体观就是处理好各支系统之间的关系，把各部门都协调到培养全面发展的人才这一共同的管理目标上来。

（二）现代科学理论指导着高校学生管理工作

现代治校观念要求我们靠现代科学来管理学校，管理学生。具体来说，一要靠教育科学，要遵循教育的外部规律与内部规律办事。比如高等教育的规模为一定的经济基础所决定，反过来又作用于一定的经济基础。高等院校是高等教育的主要载体和平台，如今其理念、体制、结构面临着新的变革和调整。高校要准确把握社会脉搏，直接面对市场办学。大学生管理也要研究新情况，解决新问题。二要靠运用现代管理科学的理论与方法进行管理，使学生管理者队伍的人员分工合理，职责范围明确，动作协调，工作高效等。运用现代管理科学指导学生管理主要是运用它的基本原理：系统整体性原理、要素有用性原理、动态相关性原理、人的能动性原理、规律效应性原理、时空变化性原理、信息传递性原理、控制反馈性原理等。我们应在管理实践中力争使管理组织系统化、管理决策科学化、管理方法规范化和管理手段现代化。

二、高校大学生管理工作体制的运行方式特点

党政合一的学生管理工作体制在我国是有其必然性的。

一是由于在新中国高等教育史上，学生管理工作长期隶属于学校政治工作或德育工作，加之考虑到大学生在维护社会政治稳定中的重要作用，将学生管理工作划归党务系统，由政工人员负责学生管理工作是有其必然性和合理性的。

二是思想政治教育课程被列入教学计划，学生事务中大量新情况的出现，导致学生事务中的行政事务大量增加，学生管理工作的行政化趋势越来越明显，从而要求强化行政功能。

这种情况下，形成了学校一级的学生工作由党委副书记和副校长共同负责，

党委副书记负总责，或分管学生工作的党委副书记兼任副校长，同时设立学生工作部和学生工作处，学生工作部和学生工作处"部处合一"，即"两块牌子，一班人马"或"合署办公"的管理体制。

三、高校大学生管理工作体制的内部管理特点

当前我国高校的学生管理工作，在学校一级成立由校党委领导的学生工作委员会，学生工作部（处）为其日常办事机构，承担高校学生管理工作的主要任务，是高校学生管理工作的最为主要和重要的管理部门，承担大部分学生事务及其管理工作。

团委作为另一个相对重要的部门主要承担课外活动、社会实践和学生科研活动等方面的组织和管理。在学院（系）一级，由党总支副书记对整个学生管理工作负领导责任，学院（系）设立学生工作办公室或学生管理科，它在业务上同时受校学生工作部（处）和院（系）学生工作领导小组的双重领导。各班（年级）配备兼职辅导员或班（年级）主任，他们直接面对学生，负责学生的日常思想教育和管理工作。这样，整个学校的学生管理工作就形成了条块结合、纵横联合、两级运行的运行机制。

第三节 高校大学生管理工作体制创新的策略

一、高校大学生管理工作体制创新的基本要求

（一）政策性

政策性是指高校的思想政治教育和管理制度必须同党的路线、方针、政策和体现党的路线、方针、政策的国家的法律、法令、条例、决议、指示、规章、规程，尤其是党和国家的教育方针保持高度一致，而不能有丝毫的背离。

党的路线、方针、政策和国家的法律、法令、条例、决议、指示、规章、规程等，是一个国家总的行为规范，是开展思想政治教育和制定管理制度的依据。高校的思想政治教育和管理制度则是党的路线、方针、政策和国家法律在高校学生日常学习、工作和生活诸方面的具体化。局部必须服从全局，否则就会迷失方向。

（二）整体性

按照现代管理学的观点，国家是一个系统，教育是隶属于国家的子系统，学校是隶属于教育的子系统，学校各部门是隶属于学校的子系统。系统是有组织、有层次的，各组成部分为了一个共同的目标而形成了一个有机的整体。

高校学生工作专职人员必须树立全局观点，正确处理局部与全局的关系，正确处理学生的学习和课外活动的关系，以及团组织与学生会之间的关系等。在处理各种关系时，必须使整个系统处于协调状态，只有这样，才能发挥整体的最佳功能，达到教育管理的最佳效果。

（三）科学性

高校的管理制度必须符合高等教育的客观规律。任何领域都有其自身的规律，高校的思想政治教育和管理制度也不例外，诸如管理必须与学生的年龄相适应的规律，思想政治教育中知、情、意、行活动过程的规律等。同时，还要善于借鉴现代科学管理理论，不断总结思想政治教育和管理经验，把行之有效的传统管理经验与现代管理理论有机地结合起来，这样才能不断提高管理水平。

（四）民主性

民主性是指高校的思想政治教育和管理制度必须符合广大学生的根本利益，并获得广大学生的积极拥护和支持。我国是社会主义国家，人民是国家和社会的主人，党和国家的一切政策、法令都是以符合广大人民群众的根本利益，获得广大人民群众的积极拥护和支持为最高标准的。一切损害人民群众根本利益的政策、法令或行为，必将遭到人民群众的坚决抵制和反对，失去立足点。

学生是管理的对象，又是管理的主体，在制订学校的规章制度时，必须从学生中来，到学生中去，广泛听取学生意见，做到集思广益，紧紧依靠广大学生把教育和管理工作做好。

（五）教育性

教育性是指高校的思想政治教育和管理制度必须对学生起到教育作用，即能培养学生严谨务实、开拓进取的工作作风。这样，同学们既有章可循，又有进取的目标，能充分发挥规章制度本身的教育和激励作用。

但是，必须指出的是，在规章制度制订和实施过程中，必须坚持政治思想工作领先的原则，把启迪、疏导作为一条主线贯穿到规章制度的全过程中，这样，规章制度的教育性才能充分显示出来。

（六）严肃性

严肃性是指高校的思想政治教育和管理制度必须做到令行禁止、奖罚分明，对任何人一视同仁，使学生的行为得到规范。在建立高校的管理制度时，凡应规范的都要规范，各级学生组织和个人必须严格执行。

在执行过程中，严格按制度办事，不能时宽时严，时紧时松，坚决维护其严肃性。此外，要注意凡属将来才能规范的或者要创造条件才能规范的，就一定要留在将来或条件具备的时候再规范。只有这样，才能使制度有相对的持续性。

（七）可操作性

可操作性是指高校的思想政治教育和管理制度应尽可能做到量化，制订出符合教育、管理实际的科学指标，并用分值表现出来。这样，不仅能使全体同学在实施的过程中做到心中有数，自觉约束自己，在检查处理时也能避免主观随意性。

上述基本要求，既有各自的独立性，又相互紧密地联系在一起。只有严格遵照这些基本要求而制订的规章制度，才是经得起实践检验而又有强大约束力和教育意义的法规。

二、高校大学生管理工作体制创新的现实意义

从中外学生管理体制的比较中可以看出，我国目前的学生管理体制必须进行有效的改革与创新；否则，学生管理体制将会影响管理效果乃至人才培养的质量。

（一）创新学生管理体制是学校工作面向社会主义市场经济的需要

随着社会主义市场经济体制的逐步建立，社会向学校提出了培养适应社会主义市场经济发展的人才的要求。面对这一全新的要求，学生管理体制必须实施适度的改革创新，否则就不能完成时代赋予的使命。因而学生管理体制的创新势在必行。

（二）创新学生管理体制是全面改善学校管理工作的需要

理论和实践告诉我们，管理的有效性主要取决于两个方面：一是该管理系统的内部及其各子系统之间沟通顺畅；二是各有关系统的决策、实施、检测、反馈过程及时且准确。学生管理工作系统作为学校管理系统的一个子系统，它除了自身必须有效运转以外，还应为教学系统、后勤系统以及学校决策层提供可靠的反馈信息，以促进各项管理工作的改革和创新。因此，要改善学校的管理工作，学生管理体制就需要改革创新。

（三）创新学生管理体制是学生管理现代化的需要

我国教育必须面向现代化，这既是说培养的人才必须适应现代化建设的需要，同时还指教育手段、内容、思想必须逐步现代化。这对学生管理体制也提出了现代化的要求。如果学生管理体制不符合现代化的要求，就很难培养出符合现代化要求的建设者和接班人。同样，教育思想、内容、手段的现代化也对学生管理体制提出了创新的要求，包括学生管理体制怎样充实完善教育思想和教育内容，学生管理体制怎样保证教育措施的实施，等等。

三、高校大学生管理工作体制创新应坚持的几项原则

（一）以人为本，全面指导

考虑到正式制度在制订和实施上的可控性与直接性，以及它对非正式制度的潜在影响，积极推进正式制度建设将是加强学生管理制度建设的有力切入点。因此，对于正式制度的建设需格外谨慎，务必树立起正确的指导思想。

我们强调正式制度建设必须认清"管服务于教"，树立以育人为本的指导思想。按照这一指导思想，实际工作中我们就不能摆出一副上级架势，满身官僚气地滥用管理权，而应认清管理最终是为教书育人服务之事实，诚恳务实地以管理育人；也不能光凭美好愿望而不顾教育规律和学生现状，急功近利地蛮横立"法"、蛮横执"法"，而应客观分析情况，严格遵循规律，妥善渐进地开展制度建设；更不能以不求有功、但求无过之消极态度，无视时移世易，因循守旧、墨守成规。

（二）注重疏导，善加引导

是循循善诱更富成效呢，还是重罚严禁更有实效呢？在管理实践中，这个问题没有固定的答案。但具体到学生管理，考虑到育人为本的指导思想，"导"相对于"堵"显然更富吸引力。堵的力量是硬性的，此时被管理者往往是虽有怨言而不得不服；相反，导的力量是柔性的，更为人性化，更能让人心服口服，易于接受。然而，实践中常常出现严重违背这一原则的情况。严罚的快速见效性和对机械式管理思维的迎合性，都使得以堵为主的理念在学生管理制度建设中很易受到推崇。很多学校在处理考试作弊问题时，就可以看到这种错误理念的影响。一味求"堵"使得处理作弊问题的制度成了一条近乎全封闭的高速路，一步走错，就要付出巨大代价。而按照"导"的理念，这条高速路就该修上多个出口：可以适当拓宽转系、转专业的途径，使得学生能有更大的可能去学其所好；可以放宽

退选规定，使他们一旦意识到难以完成学业，即可在承担一定损失的条件下及时修正选课计划；可以给予更宽松的重修规定，使因个人过失陷入困境的他们能有一个代价较小的改正机会。这样就能提前疏解矛盾，及时开展引导，使制度既不姑息恶行又能鼓励善行，实现"导"与"堵"的平衡。

（三）学生配合，推动执行

育人为本不单是制度制订时的原则，也是执行中的准则。因此，在正式制度执行环节中，我们强调"先知后行"。"先知后行"的原则要求我们首先明确这样一点：制度的执行过程不是管理者的单方面行为，而是一个需要管理者与被管理者良性互动的动态过程。因此，我们要充分发挥被管理者的能动性，努力通过有效的制度宣传教育使他们对制度条文及其内涵有深入了解，从而在使其"知"的基础上出于对制度的切实认同而自觉遵守，最终达到制度的"行"。换句话说，"先知后行"是要借助个人自觉和制度威慑来促成"不罚而禁""不罚而治"的。当然，"知"并不是那么容易达成的任务，并非只要将制度手册发给所有学生就算万事大吉了。使其"知"不但需要提供得以"知"的通畅渠道，更要有有效地确保"知"的宣传手段；使其"知"也不是仅简单地告知对方有何规定，还要在告知的同时配合各种教育手段使之加深认识，最终让其不但了解规定，而且能接受规定的理念，自觉地做出行为的选择。按照这样的要求，我们至少可以在以下几方面进行尝试：其一，在开展校纪校规教育时，改变单纯说教的方式，摸索教育方式，深化教育内涵，使得学生能不断提高对学校管理制度的内在认同感；其二，在把制度完整及时地传达给每名学生之余，还可以根据历年经验，以较易违反的条款为重点，开展人性化、预防性的宣传活动；其三，与学生接触较多的部门设立通畅的咨询渠道，便于学生在平时能更快捷地了解制度细则；其四，对于违反纪律的处罚和根据规则颁予的奖励，要以适当方式公布宣传，积极树立正反两方面的典型。

（四）完善机制，增强活力

制度是为组织目标服务的，因此好的制度体系必然具备随着组织的演进、成员的变化而及时调整的能力。对于以人才培养为己任的高校，由于人才标准因时、因事而异，所以如何通过有效的评估和调整机制使得学生管理制度保持与时俱进自然成为核心问题之一。

对此，管理者不仅要以极大的热情和较强的责任感去破除阻力，推进评估和调整机制建设，又要采取渐进的策略，并且要特别注意确保评估与调整机制具备客观性和开放性。

（五）立足全局，放远眼光

在很多管理者看来，正式制度的建设是看得见、摸得着的具体工作，而谈及非正式制度，就得涉及历史、文化、传统等意识领域的东西，难以把握，不易切入。因此，实践中重正式制度、轻非正式制度的倾向相当普遍。但正如我们强调的，正式与非正式两套制度体系是紧密联系、内在互动的，而且非正式制度对于高校更是意义重大，所以片面强调较易开展的正式制度建设而消极地看待甚至放弃对非正式制度体系的建设显然是违反规律的短视行为。因此，我们必须正视非正式制度建设的挑战，立足全面、放远眼光，走正式与非正式两套制度体系协调发展的建设之路。短期来看，我们可以深入挖掘非正式制度中的积极因素，并以此为依托，通过相应正式制度的建立来强化引导；同时也可以借助正式制度的设立和执行，对现有非正式制度体系进行一定程度的改进。长期来看，我们需要依据学校发展的长期规划对两套制度体系进行通盘考虑、客观规划，加强两者之间相辅相成的互补性，以促成相得益彰的良性循环。

四、高校大学生管理工作体制创新的具体策略

（一）更新理念，进行柔性管理

在学生管理工作中，"以人为本"是柔性管理的核心，同时也是柔性管理的价值取向，更是柔性管理的核心指导原则。高校大学生管理工作的出发点和落脚点应该是培养学生成长成才，以培养德、智、体、美、劳全面发展的学生为最终目的，使得学生能够成为社会主义的建设者和接班人。

1. 确立管理理念

中共中央、国务院颁布的《关于进一步加强和改进大学生思想政治教育的意见》，明确将以人为本作为加强和改进大学生思想政治教育的指导思想，强调要坚持以人为本，贴近实际，贴近生活，贴近学生，促进人的全面发展。这就给高校学生管理工作提供了理论支持，要求我们必须树立以学生为本的学生管理工作理念。

要在实际工作中树立起以学生为本的学生管理工作理念，就要通过相应的规则确定学生在高校学生管理工作中的主体地位，充分突出学生的主体性。也就是说，管理人员要时刻以学生为中心，发掘学生的潜能，激发学生参与管理的积极性，引导学生维护自身的合法权益；关心学生发展，帮助他们解决在日常学习和生活中遇到的各类问题，真心诚意地为学生服务。

以生为本、服务学生的理念要求高校院系在实施管理的过程中，要考虑学生的主体性和个性发展，减少一些强制性的、单一性的内容。基层管理人员在具体工作中要做到：尊重学生的个性诉求（基础），关注学生的身心健康（关键），满足学生的各类需求（方式），提高学生的综合素质（目的）。尊重学生就是尊重学生的个性诉求，尊重学生在高校中的主体地位。高校在具体工作中要尊重学生的主体地位，尤其对特殊学生更要加倍重视。关心学生就是关心学生的学习和生活，及时掌握学生在学校学习和生活的具体情况，帮助学生解决问题，让他们感受到学校的关爱。服务学生就是以学生需求为导向，努力创造适合学生发展的软硬件环境，促使学生进行良好的自我管理，促进学生形成正确的人生观和世界观。发展学生是以学生为本的目的，也是尊重学生、关心学生、服务学生的归宿，最终都是为了促进学生全面、协调发展。

2. 坚持民主管理

民主管理是相对于"一言堂"的管理而言的。民主管理对于现代管理、对于学生管理工作既是手段又是目标。一方面，它是学生管理工作有效性的重要保证。另一方面，它能培养学生的民主意识，提高学生参与学校管理的积极性。

（1）以人为本，认同学生的主体地位

实施对人的管理是学生管理工作的本质，因此，在学生管理工作中，必须始终贯彻以人为本的核心思想。学生是高校管理的对象，也是高校管理的主体。因此，"为了一切学生，一切为了学生，为了学生的一切"的思想，应该成为高校学生管理工作的基本理念。这也是柔性管理理论中的一个重要概念。这就要求学校涉及学生的各个部门都要树立起以学生为本的核心思想，实行民主管理的方式。基层管理者对学生的个性发展要正确认识和充分尊重，对学生的意见和要求要广泛听取，将学校和学生的发展融为一体。在各项规章制度的制订过程中，高校要调动学生参与的积极性，同时增加透明度；对学校院系各项工作中存在的问题，要鼓励学生主动积极参与管理，听取来自学生的意见，以此来充分有效地调动学生进行"自我教育、自我管理、自我服务、自我激励"的积极性。

（2）讲求宽容，为学生发展提供宽松的环境

宽容就是要求管理人员尽量理解或亲身参与到学生的各种创造性活动中去，鼓励学生在校园文化活动中百家争鸣、百花齐放，不要用简单划一的制度和方式去规定学生，减少对学生的强制要求和无谓监督。既然有创新，也就意味着有风险，宽容就是要求管理者要有勇气去替学生承担风险和压力，力所能及地为有创

造力的学生提供帮助和支持。当前大学生体现出个性多元化、发展差异化的特点,管理者不仅要考查学生的专业成绩,还要考查学生的道德水平、创新能力以及实践能力等方面,以促进学生全面发展。

3. 强调服务意识

市场经济的建立和高等教育大众化的发展,使高等教育成为一种消费,大学生就是特殊的教育消费者。"教育是一种具有服务性质的实践活动,教育服务就是教育活动的产品,或者说是一种服务形态的产品,教育产品是教育服务。"市场经济条件下,服务的提供方是高校,学生则作为消费者,那么在学生付出学费的前提下,学生有权利要求享受高质量的教育服务、优质的教育资源,而高校也必须提供相应的教育服务。因此,高校学生管理工作理念必须要进行转变,而院系作为与学生接触最密切的基层组织,要根据市场经济发展的各项要求为学生提供服务,要一改以往行政化、官僚化的学生管理工作作风,实现学生管理工作向规范化、制度化、科学化的方向转变。理念为行动指明了方向。院系学生管理工作者要学会转变角色,多从学生的角度出发,思考学生正面临什么问题,应该如何处理;要搞清学生当前的思想动态,把解决学生的问题作为学生管理工作的出发点和归宿;同时,发挥学生的主动性,使得学生参与到学生管理工作当中来,让学生提出自己的意见,这也是培养他们发现问题、分析问题、解决问题能力的一大重要举措。

(二)增强法治化与人性化管理

1. 高校学生法治化管理与人性化管理的提出

学生管理是一个过程,是管理者向被管理者施加影响和控制的过程;管理又是一种艺术,决定这一过程和艺术的对象是人。对学生的管理和协调,既可以借助学校的规章制度等进行法治化管理;也可以依靠引导、启发和激励、奖惩等方法进行人性化管理。其实,高校学生法治化管理的实质是对政府法治的一种模拟,它给高校的各项规章制度穿上了法律的外衣,关键在于管理的制度性和规范性,即依靠高校的规章制度和组织职权进行规范化、程序化的管理。在学校的制度面前人人平等,奖有依据,罚有条例,依法管理。高校学生法治化管理所强调的是学生管理的战略、体制、结构等硬件,人性化管理则是相对于法治化管理中的规章制度等一类而言的,是学生管理中的"软件"。虽然我们看不见它,但它在许多时候比"硬件"的威力还要大。人性化管理是依照学生的思想、价值观和大学文化、大学氛围进行的人性化、人格化的管理。它重在要求充分调动学生各个方面的积极性，通过对人性的关注去有效地实现学生管理目标。

2. 在学生管理实践中把握好实施法治化管理和人性化管理的"度"

在实际的学生管理工作中，采用正确的管理方式往往是学生管理工作取得成功的关键。如果过分地讲究法治化管理，会给学生带来死板或缺乏人情味的感觉；如果过分强调人性化管理，又会造成管理上的混乱。"管理无定式"是管理学的一条重要定律，即针对不同的人应当采取不同的管理方式。

（1）建立一支素质过硬的学生干部队伍

随着高校学生人数不断增加，如果仅仅依靠辅导员来管理学生，学生管理工作肯定会有一定的困难。这就需要通过学生干部来进行协助性的管理，这样既可以减轻学生管理者的工作负担，又能使学生管理工作更加细致。学生干部队伍建设靠的是制订规章，完善措施和建立激励机制。这就要求我们必须建立健全整个院系、班级的学生干部体系。学生干部素质的高低直接影响到学生管理的质量，正确选拔学生干部成了我们当前的主要任务。通过考察与民主选举相结合的方式选拔出学生干部，能真正得到广大同学的支持和认可。同时，学生干部要受到所有同学的监督，在每年一次的学生干部换届选举中，建立学生干部体系的优胜劣汰制度，使学生干部队伍中始终流淌着新鲜的血液，使同学们能够自觉参与到学生管理工作中来，从而为树立良好的院风学风、奠定坚实有力的基础。

（2）公平、公正、公开地搞好学生的综合测评

对于学生来说，每学期的综合测评是至关重要的。因为综合测评不但与学生每学期的奖项挂钩，也是一个学生整个学期综合表现的总结。所以每学期的综合测评能否做到公平、公正将直接关系到每个学生的切身利益，如何做好综合测评中的各项工作就成了我们工作的重点。学生的学期表现在综合测评中是以分数为量化标准的。因此在实际工作中，需要制定详细合理的奖惩制度，并实行集体活动情况公示制；发表文章和获奖情况实行每学期一公布的制度；班干部加分实行学生评判制。这样在综合测评工作中，就能使学生真正体会到公平公正，也就杜绝了一些学生干部私自加分、学生拉关系讲人情的不良现象，从而真正体现高校学生法治化管理中的公平、公正原则。

（3）学生管理者要率先垂范，用情感来激励、感染学生

这首先要求管理者本人具有高尚的师德，充分利用自己形象的影响力激发学生的理智感、道德感、责任感。管理者应当以言行一致的品质去感染学生，身先

士卒，身体力行，要求学生做到的事情自己先做到，给学生树立一个榜样。同时，还要注意公正性，学生的优劣不能仅从学习成绩和纪律表现上进行评判，管理者要一视同仁，要根据大学生的不同专业、不同年级以及学生群体中各部分人内在的才能和品德给予客观评价并公正管理，鼓励学生塑造良好的自我个性。对于那些家庭贫困的学生，要从各个方面去关心他们，在不断交流中了解他们的实际困难，真心去帮助、关心、体贴他们，使他们尽快融入集体，适应环境。

（4）把法制与人性的思想融入大学文化的建设之中

在创建大学文化过程中，首先把建立健全各项规章制度纳入大学文化建设的重要范畴。任何高校都不可能超越管理的可行性和合理性去奢谈大学文化建设。科学、公平、规范的管理，既是管理文化的应有之意，也是大学文化建设的前提。大学文化建设，既要有制度文化来支撑，又要不断地在实践中增强文化内涵。所以大学文化要结合人性，以"爱国守法、明礼诚信、团结友善、勤俭自强、敬业奉献"为基本内容。教师应动员广大学生积极参与大学文化建设，坚持以人为本，尊重人、理解人、关心人、信任人、重视人，确立大学生的主体地位；从学校的实际出发，通过调查研究，宏观安排，分步实施，全方位塑造大学文化。

3. 通过法治与人性的关系展望学生管理工作的未来

实践证明，学生管理工作需要"法治"和"人性"两只手，即需要法治化管理和人性化管理两种手段，需要双轨运作。只有把法治与人性统一起来，才能把优势发挥出来，从而达到激发活力和形成合力的理想效果。

随着学生管理机制的转换，学生管理模式也应该做出相应的创新，应由传统的僵化管理模式转向动态的综合管理模式。高校应从不同角度制订适应环境发展变化的学生管理战略和具体措施。权变理论认为，不存适用于所有环境的"可能原则"与"最佳化的管理模式"，而是要从实际出发，在不同情势下应用不同的管理方法，确立"以变应变，因地制宜"的管理方式，在动态中解决问题，灵活地选择管理方式，因人而异地激发学生的积极性。

（三）优化高校大学生管理机构

1. 三大平台、两大系统

（1）教育平台

其职能部门为学生工作办公室。主要是对学生的思想政治、日常行为、日常生活等进行教育管理，包括思想政治教研室，主要负责与学生日常行为结合较紧的思想政治课教学，使学生在当前的重大政治、经济等形势政策上与中央保持一致。它与政治理论课的区别在于，其教学内容主要涉及的是现实问题，较少涉及深层次的理论问题；思想教育管理科，主要负责对学生的思想政治表现进行教育与管理，并开展一些思想政治类的学生社区活动；学生管理科，主要负责管理学生的日常行为；宿舍管理科，主要职责为规范学生的寝室管理；心理咨询室，负责对学生开展心理健康教育。

（2）教学平台

其职能部门为教务处，它是负责全校的教学组织、管理、运行的职能部门，职责为负责教学行政事务，面向全校学生组织、实施和检查教学工作；处理学生的学籍问题，负责学生的成绩管理；检查、维护教学秩序等。下辖教学管理科、教学质量科、教材科等，负责学生学习的日常管理，实行奖惩，并进行学风建设等。

（3）招生就业平台

在市场经济条件下，面向人才市场培养人才，是关系到一所高校生存与发展的大事。招生就业平台的职责部门为招生处和就业指导中心，下辖招生科、就业科等，负责全校的招生工作。

（4）后勤保障系统

后勤保障系统包括为学生生活服务的相关后勤保障部门，主要职责有负责全校学生的日常行政事务管理，负责学生的卫生保健工作；组织实施并检查学生教室、宿舍的维修工作等。武装保卫处下辖保卫科、治安科等，其职责是保证学校的稳定，确保教学秩序有效运转，同时负责对新生进行军训和国防教育等。

（5）信息系统

信息系统包括二级学院信息系统、教育平台信息系统、教学平台信息系统、招生就业平台信息系统和后勤保障信息系统等。

三大平台、两大系统的工作在学校学生工作委员会的领导下进行。这一机构是由相关职能部门参与的综合协调机构，它向上对学校党委和主管学校学生工作的领导负责，对下则负有领导各职能部门和各二级学院，促使其正常运转的职责。

2. 优化学生管理机构的职能

所谓优化学生管理机构的职能是指通过合理地处理各管理机构之间的关系，使其更适合学生管理工作的性质，从而提高管理效益。要想优化学生管理机构的职能，主要应处理好以下几个关系：

（1）集权与分权的关系

在学生管理中，职权的集中和分散是对立的统一，没有绝对的集中，也没有绝对的分散。如果职权过分集中则不利于调动各级管理人员的积极性；如果职权过于分散又不利于统一领导、统一指挥，更不利于用统一的标准来衡量各机构的工作质量，因而集权和分权只能是相对的。在学生管理中也同样可以根据毛泽东同志的一句话"大权独揽，小权分散"来处理集权和分权的关系。一般情况下，学生工作的大政方针、总体规划以及必须要协同作战的工作必须强调"大权独揽"，要讲"集权"；而凡属各职能机构职责范围内的工作，以及不影响全局的一些局部性管理工作则要"放权"。权力下放以后，主管领导可以集中精力抓大事，搞宏观决策。分权必须注意提高各级学生管理干部的素质和工作效能，否则，放权就等于"放羊"。

（2）职能与参谋的关系

我们所设计的这种管理机构的组织结构属于"直线职能参谋制"，它要求所有的职能机构都肩负起职能部门、参谋部门的责任。在学生管理实践中，职能和参谋是相辅相成的，如果管理机构注意决策和指挥而忽视参谋职能，则违背了原来的设定原则，不利于有效统一的管理；但如果仅仅发挥参谋作用，不参与决策、指挥，那这种参谋也是无力的。因此，正确的做法应是在充分发挥职能机构作用的基础上，努力发挥参谋和咨询作用。

（3）垂直系统与水平系统的关系

这里既包含垂直系统与水平系统之间的关系，又包含水平系统内部的协调问题。

水平系统与垂直系统之间的关系，在这里是指学校机关各职能机构与系科一级管理机构的关系。要处理好这一关系主要在于机关各职能机构要树立为基层服务的思想，在服务的基础上进行协调指挥，这样才能发挥很好的作用。处理水平系统机构之间的关系，一是要充分明确各部门之间的职责范围，尽量避免出现互相扯皮相互推诿的现象；二是通过学工部搞好协同，可以采取定期或不定期召开例会的办法来协调工作任务和有关方面的关系；三是完成某项突击性的工作任务，要明确各部门的工作职责和相互关系。

（4）责与权的关系

处理责权关系的关键在于责权结合、责权对应，而不能责权分离，责权不符。也就是说，主管领导在明确有关职责的同时，必须赋予该部门同等的权力，做到责与权相一致。如果出现责大权小、责小权大，或责大无权、有权无责等现象则会严重影响管理效益。

（四）完善学生工作管理内容架构

1. 构建以学生安全管理为基础，促进学生全方位发展的保障平台

高校基层院系最基本的职责是保障学生的生命和财产安全。院系必须采取有效措施构建一个安全、稳固的平台，为学生创造安全的学习、生活环境，以保护学生的生命和财产安全。

（1）要牢固树立安全第一的思想

利用网络、板报、展板、开主题班会等形式，经常性地开展安全法制教育，使安全防范意识更加深入人心。比如：提高学生的安全意识，特别是防盗、防骗意识。

（2）加强对特殊学生的管理

特别是加强对毕业班学生、在外实习学生等重点群体的管理。院系学生管理者工作要时刻掌握特殊学生的情况和思想，一旦发现问题，要及时进行干预，必要时上报学校，寻求更高层面的帮助。同时，还要关注产生问题的原因，以从根源上解决问题。如针对孤儿、单亲家庭学生，院系可以多组织些座谈会，让孤儿、单亲家庭学生互相了解，增强自信心；针对家庭困难学生，院系可以提供一些勤工助学岗位或者发放困难补助金，帮助其解决经济问题；对于学习方面有困难的学生，学院可安排教师或者学习成绩较好的同学对其展开帮扶；对于确诊有心理疾病的学生，学院在保密的前提下，邀请心理健康教育中心的老师，为其做好心理疏导工作，避免病情进一步发展。

（3）完善突发事件应急预案

高校要经常性地进行突发事件的演习，使得学生管理工作者在演习中不断丰富经验，当危机来临时，可以以良好的心态和恰当的方法来应对；建立完善的危机预警机制。一个完善的危机预警机制，是高校面对危机的最主要的手段之一，对于解决危机能起到不可估量的作用。

2. 构建指导学生成长成才、促进学生全面发展的服务平台

院系学生管理工作的主要内容是促进学生全面发展。高校应建立起培养学生综合技能的帮扶指导平台。

院系必须充分了解当前的社会发展现状，结合当代学生的特点，有针对性地开展帮扶活动，促进学生全面发展。

（五）改革创新学生管理工作制度

大部分学生存在的缺点概括起来是，缺乏以集体主义为核心的团队精神；自我约束能力差；缺乏必要的历练；有一些不良习惯。

针对前述特点，学生管理工作者应确立以人为本的管理理念，在实践中应当以培养学生的集体主义意识为基础，以克服自律意识薄弱为先导，在制度上进行一定的创新，建立导管结合的管理思路。具体来说是以引导为主，以管理为辅。针对上述学生的特点来讲，导管结合可以克服学生的诸如自律意识差，集体主义精神缺乏等缺点。在实际运用过程中，管理相对来说力度要更大一些，管中融合导，不能管得太死，要管得有道，在管的过程中让学生充分认识到管的意义所在，在管理中融入创新能力、实践能力的培养，这样才能更好地培养学生的创造力。在导的过程中又要结合学生的特点和社会的需求导向，因才施导，真正将学生培养成有一定理论基础的应用型人才。

一套较好的制度不但能够给工作带来极大的便利，而且能够提高管理者的工作效率。经过长时间的摸索，结合新时期学生的特点，高校应建立个人、宿舍、班级的层层量化管理制度。这套管理体系由《个人量化管理条例》《宿舍量化管理条例》以及《班级量化管理条例》组成，旨在加强对学生行为的管理，帮助学生树立正确的价值观念。这三个条例构成了学生从个人、宿舍、班级三个方面层层量化的管理模式，将个人行为与集体利益和个人利益相关联，使同学们能够自觉地遵守学校的规章制度，避免出现辅导员管理的真空。同时这套管理体系的建立也加强了各项评优评先工作的透明度，做到了公开、公正、公平。

需要强调的是，这套制度需要专门的考核机构。由于考核任务繁重，再加上学生会具有独立性、群众性、服务性和任务繁杂性的特点，由学生会承担具体考核的任务有所不妥。所以，为了更好地执行本套制度，有必要在学生中成立专门的考核机构，可以命名为"班级管理委员会"等。班级管理委员会是为适应新形势而建立的对班级进行协调、管理和测评的区别于学生会的组织，直接向团总支负责，下设秘书处、测评部、简报出版部等部门。《班级量化管理条例》是整套管理体系的核心部分。它对所有班级从学习情况、学生会工作、宿舍生活、班内其他工作和辅导员评定五个方面进行百分制考核，同时设置额外加分项和减分项，为做出重大成绩和存有严重问题的班级加减分。为了配合制度的实施，班级管理委员会每月针对各班具体情况出一期《班级工作简报》。其内容分为两部分，第一部分为每月班级工作总评，从学习到生活对上一阶段各班的各方面表现予以总结，并提出表扬和批评；第二部分为各班级排名和各班得分明细表，明确描述出每个班级本月的加、减分情况和原因，以让各班从中找出不足并予以改正。该简报内容在每月定期召开的班级表彰大会上予以公布，并给予前几名物质奖励，同时把每月成绩累计作为学年末班级竞选校级优秀班级的主要依据。为了配合《班级工作简报》的出版，除学习成绩外，其他考核方面可以在共青团组织的协调下，由学生会和其他活动主办机构出具相关书面证明。此条例的实施可以使各班及时了解本班情况，随时调整班级工作重点。

《个人量化管理条例》是本套管理体系的重要组成部分，内容涵盖个人学习情况（考试成绩和出勤率等）、遵守校规校纪情况、参加活动的情况、个人日常行为等。本条例是每学期发放综合测评奖学金和其他推优的主要依据，为集体做出重大贡献的个人也可以获得"贡献奖"及额外加分。个人行为的量化管理主要依附于班级考核，由班长负责，并于期末将考核结果及明细表提交班委会和班级管理委员会。经最后考核通过后公示三天，没有异议方可对其中表现优异的同学实施奖励。它的启用一方面激发了大家参加各项活动的积极性，使一部分特长生能够大方地展示自己的才能；另一方面，其中全面的奖罚细则也对部分有不良行为的学生起到导向和警示作用，使他们的行为更加规范，并内化为学生的自我约束能力。

《宿舍量化管理条例》是学院逐步从传统单一化的班级管理向多极化共同管理发展的桥梁。内容包括宿舍卫生情况、宿舍内学习平均成绩、个人表现和宿舍集体表现等。为了更好地发挥本条例的作用，团总支和学生会要多举办以宿舍为单位的活动，以让集体表现多方位多角度地展现。例如，宿舍文化节等活动的开展，使同学们充分发挥了自己的想象力与创造力，更为重要的是提高了学生的协作能力、自我管理能力，而且逐渐形成了优秀但风格迥异的宿舍文化。它的实施为同学们创造了相互学习、相互督促的良好氛围，并从侧面加速了良好学习风气的形成，更有利于优良人格的培养。

这种管理机制的优势集中体现在以下几点。①客观公正的评价体系。这种评价体系代表了良好的竞争环境，细致入微的层层量化也就表明了弹性空间的减小，客观性和公正性得到增强，在一定程度上增强了同学们积极表现的动力。②切合实际的导向要求。制度中的各项条款都与学生的学习、生活息息相关，且均在能力所及的范围之内，减轻了畏难情绪。③明确有效的激励机制。每月或者每周总结一次，每项努力都记录在册且成绩一目了然，增强了学生"我努力，我优秀"的意识。④严格合理的惩罚措施。成绩和名次在很大程度上表明了学生的行为效果，连续几次都排在最后的个人和集体不仅脸面无光，而且也丢掉了各种评优的机会，而且排在最后的个人还要受到集体舆论的谴责。

这套学生管理体系还集中体现了"一切以学生为本"的管理观念。它以全面提高学生的综合素质为根本目的，重视培养学生的创新能力、实践能力、合作意识和团队精神；同时，注重培养学生个性，让学生亲自参与到管理过程中去，积极思考，不断探索，以达到管理与被管理的统一，即寓思想教育于管理之中，实行宏观与微观的结合，真正达到了管理的目的。

（六）创新学分制与思想政治教育

实行学分制绝不意味着可以忽视思想政治工作。加强思想政治工作不能要求教学管理来适应思想政治工作，而是思想政治工作应主动适应教学这一中心工作，以推动教学改革的发展。在实行学分制的同时，必须探索适应学分制的思想政治工作的方法和途径，充分发挥学分制的优点，努力克服缺点。

1. 要从思想上真正认识课堂纪律的重要性

有一种观点认为，在学分制下学生可以随意不听课，可以放松对学生的管理。这种观点是片面的，也是不正确的。实行学分制后，一方面为学生提供了一个宽松的学习环境，承认学生之间的差别，注意因材施教，在学生选课、学籍管理方面有较大的灵活性；另一方面，在管理上应该是非常严格的。在学生听课、完成作业与实验、考试等教学活动方面仍有严格的规定，在某些方面甚至比学年制更加严格。这也是教育规律、教育质量和效益方面的要求所决定的。

因此，学工办教师和任课教师抓学生到课率是有充分理论依据的，它是学分制顺利实施的重要保证，教师要使学生在思想上真正理解和认识到学分制对教学纪律的要求不是降低了而是提高了。

2. 要加强思想政治教育进宿舍和学生社团的力度

学生的教育和管理要立足于"基层"。除班级以外，学生宿舍、学生社团、党团组织也可看成基层单位。

学分制下，由于"班级"模式的弱化，借助班级进行思想政治教育的模式受到影响。与此同时，学生宿舍成为学生学习与生活的固定场所。这就为借助宿舍对学生开展思想政治教育奠定了基础。基于此，可构建新的教育和管理运行机制，以宿舍区域为一个社区来引导和促进学生业余文化娱乐活动的健康发展，营造健康向上的育人环境，促进学生全面发展。

第七章 传统文化融入高校大学生管理工作的路径

本章分为传统文化思想中蕴含的管理思想、运用传统文化进行高校大学生管理的优势、传统文化融入高校大学生管理工作存在的问题、将传统文化思想融入高校大学生管理工作的对策四部分，主要包括以人为本思想、因材施教思想、修身正己思想等内容。

第一节 传统文化思想中蕴含的管理思想

一、以人为本思想

以人为本是我国古代传统文化中最为重要的思想之一。我国古代著名的思想家、政治家、教育家孔子对于这一理念也是极为推崇的。可以说，以人为本的理念对于推动我国古代社会的发展具有十分积极的意义。在现代社会，习近平新时代中国特色社会主义思想强调践行初心、担当使命，坚持以人民为中心的发展思想，彰显了以人为本、人民至上的价值取向。

二、因材施教思想

世界上的每个人都是不同的，这种不同不仅仅是外貌上的不同，更是每个人内在品质以及思想上的不同。在传统社会中，教育者们往往也会根据学生们的特点因材施教，现如今这种理念依旧十分重要。可以说，因材施教这一理念不论是对于古代社会的发展而言还是对于现代社会的发展而言都有着十分重要的促进作用。

三、修身正己思想

修身正己不仅仅对个人的发展而言具有十分重要的意义，对于整个社会的发展也具有促进作用。社会是由许多人构成的，如果社会中的每个人都能够做到修身正己，那么整个社会也将会向着积极的方向发展下去。在高校之中，教师是学生们的引导者，在日常教学过程中不仅仅要做到为学生们传授理论化的知识，也需要为学生们树立起良好的榜样，通过修身正己，对学生们产生更加积极的影响。

四、激励机制思想

所谓激励机制就是通过赏罚分明的手段强化被管理者的思想欲望。这一理念是立足于管理学角度发展起来的。法家认为自古以来贤明的君主在选拔、奖赏大臣时应将功绩作为依据，不能吝啬钱财和官职，相反，在对待触犯法律的臣子时也要严格遵循规章制度给予惩罚，不可心慈手软，这样才能得民心。同时，百姓与臣子因为畏惧惩罚而严格遵守规章制度，最终实现强国目标。

五、无为而治思想

"无为而治"，意思是说并不是没有执行管理，而是通过采取象征性的手段进行管理。这一理念应用于管理工作过程中，就是要求管理者要顺其自然，有所为，有所不为，通过最小的代价换取最大的管理成效。

第二节 运用传统文化进行高校大学生管理的优势

一、传统文化融入高校校园对大学生个人的积极影响

（一）有助于大学生树立正确的世界观、人生观、价值观

大学时代是一个学生的世界观、人生观以及价值观形成的最佳时期，因为在这一阶段学生对这三个观念的认识最为深刻，也是创造自身价值以及领会人生真谛的关键时期。在这个时期，作为高等学校必须要帮助学生树立正确的价值观，以便将来踏入社会之后更好地为人民和国家做贡献。中国的优秀传统文化具有几千年的历史，在发展的过程中通过不断地积累和沉淀逐渐形成了鲜明的特色，可谓博大精深。

所以，把优秀的传统文化融入高校校园对大学生人生观、价值观以及世界观的形成有重要的现实意义。

（二）有助于培养大学生的爱国意识

当代大学生的爱国主义表现是多方面的，包括对祖国文化的热爱、对祖国大好山河的热爱以及对同胞的热爱等等。将传统文化融入高校校园有助于培养大学生的爱国意识。

爱国主义在中国的优秀传统文化中表现得最为贴切，在历史的长河中，多少爱国主义先烈们用自己宝贵的生命诠释了这一点，为中国的发展做出了重要的贡献。尤其是革命先烈们，他们通过奋勇杀敌、视死如归将爱国主义的精神发挥到了极致，全国人民都应该为他们的这种精神感到自豪，同时也应该像他们一样肩负起实现中华民族伟大复兴的重要历史任务，书写中国未来发展的华丽篇章。历史实践证明，中国是一个伟大的国家，相信中华民族也一定会实现它的伟大复兴。

（三）有助于培养大学生良好的道德品质

两千多年前，中国就出现了诸子百家的盛况，老子、孔子、墨子等思想家上究天文、下穷地理，广泛探讨人与人、人与社会、人与自然关系的真谛，提出了博大精深的思想体系。他们提出的很多理念，如孝悌忠信、礼义廉耻、仁者爱人、与人为善等，至今仍然对大学生良好道德品质的培养有很大作用。

1.传统文化重视个人道德修养

我们的传统文化将"修身"与"治国平天下"联系在一起。"古之欲明明德于天下者，先治其国；欲治其国者，先齐其家；欲齐其家者，必修其身；欲修其身者，先正其心；欲正其心者，先诚其意；欲诚其意者，先致其知；致知在格物。物格而后知至，知至而后意诚，意诚而后心正，心正而后身修，身修而后家齐，家齐而后国治，国治而后天下平。"修身是为人、为事的根本，修身不成则一事无成。当代大学生常不注意自身修养，如在公共场合大声说话，在宿舍不打扫卫生，等等。大学生若能够正己正人、成己成物，会为他们今后的发展提供更多的机会，前进之路也会更加平坦。

2.传统文化推崇推己及人，正己正人，成己成物

传统哲学重视调节人际关系，推崇以诚待人，孜孜追求人与人的和谐、人与自然的和谐，这对于营造安定的局面有积极作用。所谓"推己及人，正己正人，成己成物"都是推崇"忠恕之道"，正如"己所不欲，勿施于人"，自己不愿做的事不要强加于别人，如果大家都做到这一点，这个社会将会是一个充满爱的社会。当代大学生时有缺乏为他人着想的现象，大家同在一个寝室，却不和睦相处，

经常为一些琐事斤斤计较，若懂得了正己正人的道理，同学之间的一些矛盾或将大大缓解。

3. 传统文化重视自强不息

《周易》说："天行健，君子以自强不息。"当前，世界经济政治格局发展变化快，在国内需要进一步探索改革的思路，在国外需要争取更加有利的条件与发展环境，大学生作为将来进行国家建设的中坚力量，就需要具有刚毅自强的品格和持之以恒的精神。孔子的学生曾参说过："士不可以不弘毅，任重而道远。仁以为己任，不亦重乎？死而后已，不亦远乎？"这种思想有助于当代大学生形成肯担当责任、不屈不挠、自强不息的精神。

4. 传统文化鼓励好学笃行，鄙视奢侈享乐的生活态度

孔子曾称赞自己的学生颜回："贤哉，回也！一箪食，一瓢饮，在陋巷，人不堪其忧，回也不改其乐。贤哉，回也！"当代大学生若能降低对物质生活的要求，具备鄙视享乐奢靡的生活态度以及豁达乐观、好学上进的学习态度，就能更加正确地设计自己的未来，不会盲目冲向利益集中的行业。

5. 传统文化强调以合乎道德为前提，提倡诚信敬业

传统文化中，最高的社会理想是人人过上安居乐业的富足生活，但正如孔子言，"不义而富且贵，于我如浮云"，可见如果得到的财富不合道义，是有反传统文化宗旨的。当代大学生若能在取利的时候，讲求诚信，懂得"诚者，天之道也；诚之者，人之道也"的道理，不但能够通过正当的途径实现理想，还会同时推动社会健康发展。高校作为培养跨世纪人才的摇篮，不仅要提高学生的文化素质、业务素质，还必须提升学生的心理素质，因为健康的心理是大学生接受思想政治教育和学习科学文化知识的重要前提。心理咨询作为高校心理健康教育的基本形式，不应以纯粹解决心理问题为目的，而应该成为思想政治教育的一种手段，其更高的目标是使学生具有健康的人格和高尚的品德。

（四）有助于实现大学生的人生新价值

人生价值的实现是一个漫长而又艰巨的过程，"路漫漫其修远兮，吾将上下而求索"正是对人生价值实现过程的一个真实的写照。新时期的大学生只有树立健康向上、积极进取的精神，才能够通过漫长时间的坚持之后逐渐使自己的人生价值得到实现。少壮不努力老大徒伤悲，天天坐享其成而又不思进取，最终只能导致遗憾终生。

在中国的优秀传统文化中，不难发现自强不息、顽强奋斗的例子，在几千年的发展过程中，中华民族之所以可以在历经各种挫折之后依然屹立，靠的就是这种自强不息的精神，在今天，这种精神同样可以激励大学生不断进步。

（五）有利于大学生迎接经济全球化带来的挑战

随着社会的进步、互联网的发展，如今的世界已是一个经济一体化的整体。我国当代大学生正处在世界观、人生观和价值观形成的关键时期，如果及时正确地引导，那么对于大学生的行为和思想都会产生深远的影响。我国大学生应继承和发扬我国的优秀传统文化，用这些优秀传统文化武装头脑，辩证地审视西方的思想和文化，取其精华，将其中好的思想文化融入我国优秀的传统文化之中，这一方面能使大学生用本土文化抵御外来思想文化的有害侵袭，另一方面能为我国社会主义建设提供新的元素。

（六）有利于促进大学生接受高校管理工作

现在的大学生基本都是"00后"，他们在互联网时代出生并伴随着高科技电子产品长大，他们都极具个性，不在意世俗眼光。这就致使部分大学生很难接受高校的管理工作，并始终处于一种"叛逆"状态。传统文化的运用，能有效促进大学生明白很多深刻的道理，使其学会感恩，懂得尊重，这样就能有效促进高校管理工作高效地进行。

二、传统文化融入高校大学生管理的积极影响

（一）有利于促进全面创新管理

创新是组织发展的灵魂，也是组织增强自己核心竞争力的最好方法。中国传统文化有着无与伦比的生命延续力，是人类文化教育史上的伟大奇观。其根源在于中国传统文化具有非凡的包容变通精神。中国文化在发展历程中从不抱残守缺、故步自封，而总能以非凡的包容和变通精神来丰富和完善自己。经过了数次的文化融合，中国传统文化具备了包容性、变通性与进取性等特征。而这些特征又是创新的来源。因此，将传统文化融入高校大学生管理有利于实现高校的全面创新管理。

（二）有助于增强高校管理的可持续性

管理只是手段，而不是目的。管理的最终目的是实现组织的可持续发展。这方面中国传统文化的天人和谐思想有着天然的优势。例如，荀子强调"天有其时，

地有其财，人有其治，夫是之谓能参"，他主张人要对自然界积极回应，顺应天时。再如，"天道自然"的思想在中国的传统文化中一直受到推崇。"天地与我并生，而万物与我为一""仁者与天地万物为一体"等观点一直广为流传。这些思想都有助于在高校管理中树立整体和谐的观念，进而实现组织的可持续发展。

（三）有利于高校在管理中真正做到以人为本

中国传统文化一直关注人性，具有浓厚的人文精神。例如，儒家思想一直非常关注人性善的一面，并建立起了鲜明的以人为本的理论。中国传统文化强调对人性的关注，将其融入高校大学生管理有利于在管理中真正做到以人为本，改变过去那种过分依靠规章制度、工作程序的呆板的管理方式。同时，"以人为本"的管理思想也是现代管理理论所强调的。

（四）有利于高校维护学生们的教学主体地位

传统文化处处体现出相互尊敬、和谐共存的文化内涵。现代教育体制已经不同于传统的教育方式，更加注重以人为本的教育理念，传统文化的传播与推广有利于维护高校学生们的教学主体地位，有利于教师真正明确学生们的需求，发挥自身的服务、引导功能，充分激发学生们的主观能动性和学习积极性。

第三节 传统文化融入高校大学生管理工作存在的问题

一、未设立专门的传统文化课程

很多大学的领导层认为传统文化只针对小学生有作用，大学生应当提升自己的专业技能和知识水平。个别院校虽然开设了传统文化课，但只是流于形式，并没有真正起到作用。传统文化的融入，可以有效改善大学课堂的状况，提升管理工作的水平。高校应该开设专门的传统文化课程，将管理与教育同时进行，以培养出道德品质优良、专业知识过硬的立体型人才。

二、传统文化课程没有得到各级部门的充分重视

传统文化是我国的根本文化，也应当是所有学生的重要学习部分，尤其是当代大学生更应当接受传统文化课程的教育。国家的兴旺发达与否，表面现象看经济，深层本质看这个国家学生的精神文化水平是否富足。精神文化水平决定着经济水平的长足发展。部分高校不重视传统文化教育的开展，致使研究传统文化的

人越来越少，这就直接导致了传统文化教育师资力量的匮乏。各级部门应当重视传统文化课的教学工作，制订相应的制度、政策，大力支持与扶持传统文化的教学工作。这样才能有效开展传统文化课，才能更好地促进管理工作的进行，最终培养出国家所需的高品质人才。

第四节 将传统文化融入高校大学生管理工作的对策

一、重视传统文化的理论教学

高校应将传统文化巧妙结合进教学工作中，让大学生在潜移默化中接受传统文化，领悟其魅力与价值，从而使大学生管理工作更有成效。理论课教师要让传统文化通过案例形象化地展现出来，通过讲述精神与道理将其具体化呈现，让大学生在课堂教学的良好氛围下，增进自己对学习、人生的认知，让其知道学习对于个人发展来说具有重要意义，是大学生追求幸福生活的重要工具。同时，以此为出发点，让大学生对未来的发展进行初步的规划，避免被外来文化影响，失去目标。

二、科学对待传统文化

（一）辩证地继承

中华传统文化是深化改革和推进社会主义现代化建设的强大精神力量。要认真汲取中华优秀传统文化的思想精华和道德精髓，大力弘扬以爱国主义为核心的民族精神和以改革创新为核心的时代精神，使中华优秀传统文化成为涵养社会主义核心价值观的重要源泉。我们的先人留下了许多宝贵的优秀精神传统，古人所说的"先天下之忧而忧，后天下之乐而乐"的政治抱负，"位卑未敢忘忧国""苟利国家生死以，岂因祸福避趋之"的报国情怀，"富贵不能淫，贫贱不能移，威武不能屈"的浩然正气，"人生自古谁无死，留取丹心照汗青""鞠躬尽瘁，死而后已"的献身精神等，都体现了中华民族的优秀传统文化和民族精神，对于大学生来说，都应该继承和发扬。当然必须清楚地看到，在中国传统文化中也有一些糟粕性的东西。因此，在强调继承中国传统文化精髓的同时，也要知道，对历史文化特别是先人传承下来的价值理念和道德规范，要坚持古为今用、推陈出新，有鉴别地加以对待，有扬弃地予以继承。

（二）创造性转化

继承中国优秀传统文化不能照搬照抄、囫囵吞枣，关键要对其进行"创造性转化"。在对待中国传统文化时，要处理好继承和创造性发展的关系，重点做好创造性转化和创新性发展。要实现对中国传统文化的创造性转化，一要使中华传统文化与当代文化相适应，使中国传统文化和传统美德为社会主义先进文化建设服务，为提升当代中国文化软实力、建设社会主义文化强国服务；二要使中华传统文化与现代社会相协调，认真挖掘中华传统文化中的"精华"，并赋予其新的时代内涵，使之真正成为推进改革开放和社会主义现代化建设的精神动力；三要用符合时代需要和大众口味的形式对传统文化做出新的"阐释"，使之以人们喜闻乐见、具有广泛参与性的方式推广开来。

（三）创新性发展

继承中国优秀传统文化的目的是进一步促进中国传统文化的与时俱进，推进中国传统文化的创新性发展。要实现中国传统文化的创新性发展，一要促进中国传统文化与时代精神相结合，赋予传统文化新的时代内涵，比如，社会主义核心价值观所强调的爱国、友善、诚信、公正、和谐等理念，就是把中国传统文化所强调的"讲仁爱、重民本、守诚信、崇正义、尚和合、求大同"的传统价值理念与当今时代特征和我国实际情况相结合发展而来的，是中国传统价值观的创新性发展；二要既立足本国国情又要面向世界，在当今新的历史条件下，要实现中国传统文化的创新性发展，必须根据本国国情的需要，吸收借鉴世界文明成果之精华，形成面向现代化、面向世界、面向未来的，民族的、科学的、大众的社会主义先进文化，比如，社会主义核心价值观所强调的自由、平等、民主、文明等理念，就是在"吸收了世界文明有益成果"的基础上产生的。

（四）既要反对教条主义，又要反对历史虚无主义

在对待中国传统文化的态度上，有两种错误思潮值得我们高度警惕并应坚决抵制：一种是教条主义地对待中国传统文化。持这种态度的人把传统文化视为铁板一块的"高大全"，不加分析地照搬照抄，全盘肯定。他们看不到传统文化的"糟粕性""封建性"和"局限性"，主张用中国传统文化"代替"社会主义新文化，用所谓的"新儒学"取代马克思主义理论。这种对待中国传统文化的教条主义态度不仅不利于我们弘扬中国优秀传统文化，而且会给我们今天的现代化建设事业带来非常严重的危害。

另一种就是全盘否定中国传统文化的历史虚无主义思潮。这种思潮把中华民族的"民族性""传统性"贬得一无是处，把中国传统文化视为"沉重的包袱""历史的惰力"，主张"要反传统"，彻底"摆脱中国文化的传统形态""根本改变和彻底重建中国文化"。这种不分青红皂白全盘否定中国传统文化的历史虚无主义思潮，不仅在理论上是完全错误的，而且在实践上也是十分有害的。在对待中国传统文化这个事关国家富强、民族振兴、人民幸福的战略性问题上，我们一定要以习近平总书记的重要论述为指导："对待我国的传统文化，对待国外的东西，要坚持古为今用、洋为中用，去粗取精、去伪存真，经过科学的扬弃后使之为我所用。"这就是我们对待中国传统文化应有的科学态度。

三、利用优秀传统文化推动高校管理的变革

虽然在我国古代有许多优秀的传统文化，但是一些文化并不符合现代社会的发展，因此在利用优秀传统文化进行高校管理的过程之中，相关教育者还需要对传统文化进行适当变革，使其能够更加符合当今时代的发展。

在利用优秀传统文化推动高校管理改革的过程中，首先需要先寻找到具有内涵的优秀文化，其次还需要依托当今高校管理的现状来对其进行进一步的改革与开发，并结合高校的实际情况来进行运用。

参考文献

[1] 李德全，李景国，宋明江，等. 高校学生工作科学发展理念研究 [M]. 成都：西南交通大学出版社，2014.

[2] 陈永华，全晓松. 和谐视域下高校学生工作问题研究 [M]. 成都：西南交通大学出版社，2015.

[3] 谭秋浩. "微时代"高校学生工作的行与思 [M]. 北京：光明日报出版社，2016.

[4] 段佳丽，曾葵芬. 新时期高校学生工作科学发展的理念与实践 [M]. 北京：光明日报出版社，2010.

[5] 陈春莲. 基于认知理论的新时期高校学生事务管理模式研究 [M]. 武汉：武汉大学出版社，2016.

[6] 周航，易忠，蒋年韬. 高校学生资助工作精致化管理的探索与实践 [M]. 成都：西南财经大学出版社，2016.

[7] 谭秋浩. 全人发展语境下高校学生工作的知与行 [M]. 北京：光明日报出版社，2017.

[8] 陆岸，董召勤，钱春芸. 高校学生工作法治化研究 [M]. 苏州：苏州大学出版社，2017.

[9] 姚江龙，魏捷. 高校突发事件应急管理能力研究 [M]. 徐州：中国矿业大学出版社，2017.

[10] 李熙. 互联网+时代高校学生管理模式的转变及创新 [M]. 长春：东北师范大学出版社，2017.

[11] 王文杰，王海燕. 春风化雨：高校学生事务管理工作案例选编 [M]. 北京：光明日报出版社，2018.

[12] 徐友辉，何雪梅，罗惠文. 高职院校学生教育管理创新研究 [M]. 成都：西南交通大学出版社，2018.

[13] 邵帅. 新生代大学生的心理行为特点及教育管理对策研究 [M]. 北京：北

京工业大学出版社，2019.

［14］贾素娟，杜钰，曹英梅.学生教育与教学管理研究[M].北京：中国商务出版社，2019.

［15］郭威.传统文化思想对我国高校学生管理工作的启示与实践[J].高教学刊，2015（08）：61-62.

［16］宋红丽，刘菲菲.传统文化在大学生教育管理中的价值[J].山东理工大学学报（社会科学版），2016，32（06）：64-66.

［17］马成成.利益相关者视角下传统文化与高校学生管理[J].黑龙江高教研究，2017（09）：128-130.

［18］姜璐.传统文化思想对我国高校学生管理工作的启示与实践[J].农家参谋，2019（17）：232.

［19］李衍鹏，牛坤汀.新时期中华优秀传统文化融入高职学生管理工作的思考[J].国际公关，2019（11）：216.

［20］孙茂峰.论新时期中华优秀传统文化融入高职学生管理工作[J].中外企业文化，2020（07）：114-115.